Liesbeth van Dalsen-de Jong

Puppen-Anatomie
für Puppenmacher

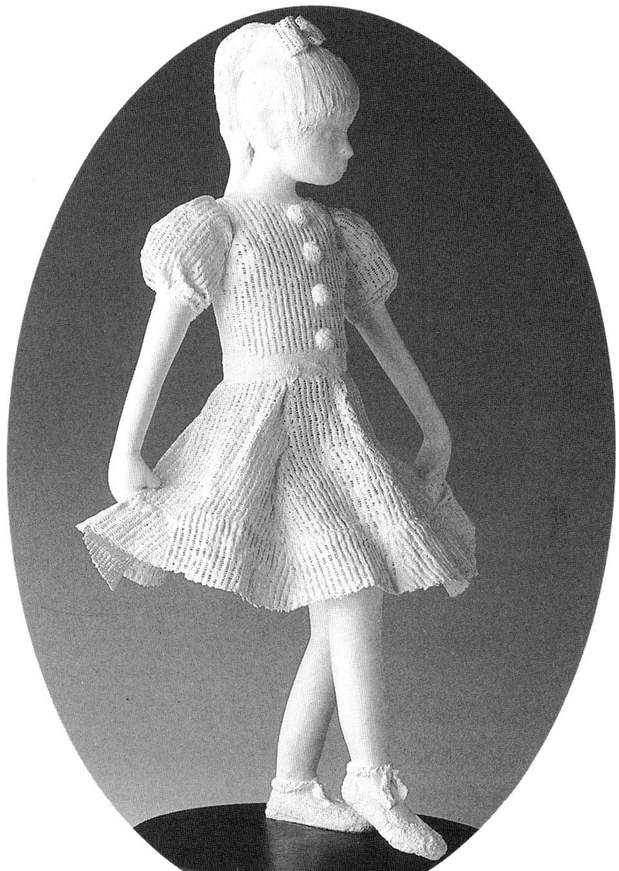

Liesbeth van Dalsen-de Jong

Puppen-Anatomie für Puppenmacher

AUGUSTUS VERLAG

Dank

sage ich allen Kindern, die so geduldig sich haben messen und vermessen lassen, allen Kindern, die sich haben fotografieren lassen und natürlich deren Eltern für die jeweilige Erlaubnis.
Ich danke auch Jouette Stabbert in Amsterdam für Ihre vielfältigen Hinweise – und vor allem meiner Familie für ihre Unterstützung an dieser Arbeit.
Besonderen Dank sage ich auch Herrn Ludwig Elsbett, dem zu Ehren die Puppe Elsbett so benannt wurde, nachdem er einen Bewegungsmotor für sie erfunden hat.

Liesbeth van Dalsen-de Jong

Impressum

Fotos: John de Pater
Grafik: Karina Stieler
Übersetzt aus dem Holländischen von Liesel van Egmont
Satz: typobuchta, Friedberg
Reproduktionen: e + r repro, Donauwörth
Gesamtherstellung: Proost N.V., Turnhout
Printed in Belgium

ISBN: 3-8043-5005-4

Inhaltsverzeichnis

Ziel dieses Buches

Dieses Buch ist keine Arbeitsanleitung für das Herstellen von sog. „Künstlerpuppen“ (Portraitpuppen) aus Porzellan, sondern es ist gedacht als Hilfe und gibt Richtlinien für die Körperverhältnisse von Kindern für diejenigen, die diese Art Puppen herstellen wollen.
Es sind keine Schnitte für Körper aus Stoff und auch keine Schnitte für Kleidung beigegeben. Das wäre kaum machbar, da wir für die „Puppen der unterschiedlichsten Altersgruppen“ so verschiedene Schnitte benötigen würden. Auch werden keine schwierigen anatomischen Gegebenheiten, wie lateinische Namen von Knochen und Muskeln, besprochen. Wer sich darüber mehr informieren will, kann ein Anatomie-Buch benützen, das in jedem gutsortierten Laden für Zeichen- und Malbedarf zu haben ist. Wohl habe ich in dem Anatomie-Hauptteil einiges Wissenswerte beschrieben, das sicher freilich hilfreich ist. Es gibt wenig Text; Fotos, Zeichnungen und Maßangaben sind das Wichtigste.
Wir können diese Anleitung am besten als ausführliche „Größenhilfe“ betrachten; neben einem guten Arbeitsbuch, in welchem fast immer viel zu wenig über die Größenverhältnisse steht. Denn beim Herstellen von Portraitpuppen ist es ja besonders wichtig, die Anatomie so genau wie möglich zu beachten.
Darum bin ich für die Beschreibung der verschiedenen Altersgruppen von „echten“ Kindern von 1 1/2, 2 1/2, 4, 6, 8 und 10 Jahren ausgegangen. Ich habe die wirklichen Maße wiedergegeben.
Wer zuhause sein Kind aus einer der beschriebenen Altersgruppe mißt, wird wahrscheinlich zu abweichenden Ergebnissen kommen. Das bedeutet nicht, daß die Maße in diesem Buch falsch sind. Wenn wir hundert Kinder derselben Altersgruppe messen, werden wir hundert verschiedene Maße erhalten.

Das Arbeiten mit Porzellan – wie zu berechnen?

Das 4jährige Mädchen, das ich gemessen habe, hat eine gesamte Körpergröße von 102 cm. Wenn wir von der Länge des Kopfes, (Scheitel – Kinn = 20,5 cm) die Hälfte (10,25 cm) und von der Hand und von dem Fuß (11,5 und 16 cm) auch die Hälfte (5,75 und 8 cm) für unseren zu modellierenden Kopf bzw. für Hände und Füße nehmen, bekommen wir eine Puppe von 51 cm Länge *minus* dem unvermeidlichen Schwund von Porzellan nach dem Trocknen und Brennen (ca. 10–15%).

Der Stoffkörper wird, nachdem die Porzellan-Teile gebrannt sind, mit Hilfe von noch anderen angegebenen Maßen auf der Zeichnung berechnet und angepaßt. Wir messen hierfür den gebrannten Kopf (Scheitel-Kinn). Nun sehen wir der wievielste Teil dieser von dem Kinderkopf ist. Der gebrannte Kopf wird, wie gesagt, kleiner sein als die Hälfte, die wir für das Modellieren angenommen haben.

<u>BEISPIEL:</u>

Wir gehen von einem Schwund von 11% aus.
Der modellierte Kopf war 10,25 cm.
Nach dem Brennen ist der Kopf 10,25 cm – 11% Schwund = 9,12 abgerundet. Der Kinderkopf ist 20,5 cm.
Um zu wissen, welche Maße wir nehmen müssen, teilen wir 20,5 cm (Kinderkopf) durch 9,12 cm (Puppenkopf) = 2,25 (abgerundet).

Alle anderen Maße des Kindes teilen wir jetzt durch die gefundene Zahl 2,25, um die Maße für unseren Puppenkörper zu bekommen. (Siehe immer die Zeichnung der gewünschten Altersgruppe), z. B. ist die Länge des Körpers zwischen Halsgrübchen und Kreuz beim Kind 40 cm. Bei unserer Puppe wird das: 40 cm geteilt durch 2,25 = 17,78 cm (abgerundet). Der Puppenkörper vom Halsgrübchen bis Kreuz muß also eine Länge von 17,78 cm ausmachen.
Die ganze Länge des Kindes ist 102 cm. Bei der Puppe wird diese Länge: 102 cm geteilt durch 2,25 = 45,33 cm (abgerundet). Das Ganze ist eine Frage von ein paar einfachen Rechnungen. Das scheint nicht so schwierig, da wir sicher einen kleinen „Rechner" zur Verfügung haben.

Es ist nicht wichtig, auf Zehntel und Hundertstel von Millimetern genau zu arbeiten, daher die abgerundeten Zahlen. Wir müssen selbst entscheiden, mit wie vielen Ziffern wir hinter dem Komma arbeiten wollen. Wir sollten natürlich bedenken, daß 1 mm auf 1 cm mehr ausmacht als auf 20 cm.
Wir können selbstverständlich auch eine Puppe (Kopf – Hände – Füße) modellieren, die nur 1/3 oder 1/4 von dem echten Kind ist. Die Berechnung geht auf die gleiche Art, nur mit anderen Zahlen.

Puppen aus anderen Materialien

Dieses Buch kann natürlich auch von Puppenherstellern, Anfängern und Fortgeschrittenen benützt werden, die anatomisch richtige Puppen aus anderem Material, wie z. B. selbsthärtende Modelliermasse, Pappmasché oder Stoff herstellen wollen. Bei dieser Art Puppen müssen wir nicht mit 11% Schwund rechnen wie beim Porzellan. Wir können dann alle Maße des Kindes durch 2 teilen, wenn wir die Hälfte der realen Größe haben wollen. Wenn wir uns für eine bestimmte Größe der Puppe entschieden haben, ist es nützlich, eine Werkzeichnung in der Größe der gewünschten Puppe anzufertigen mit Hilfe der vorgegebenen Maße auf der Zeichnung der „totalen Körpergröße der gewählten Altersgruppe".
Diese Werkzeichnung ist dann eben nur größer oder um vieles kleiner, wenn wir z. B. ein Miniatur-Püppchen machen wollen.
So eine Werkzeichnung ist eine große Hilfe, um die Puppe in den verschiedenen Arbeitsphasen zur Kontrolle anzulegen, ob die „Unterteile" sich auf dem richtigen Platz befinden.
Die einfachste Weise, um die Werkzeichnung auf das gewünschte Format zu bekommen, ist, die Zeichnung aus dem Buch mit Hilfe eines Foto-Kopier-Gerätes zu vergrößern oder zu verkleinern.

Einige Anmerkungen zur Anatomie

Schädel

Dieser ist direkt neben den äußeren Wänden der Augenhöhle am schmälsten. Nach hinten wird er breiter. Dieses ist gut zu erkennen, wenn wir einen Schädel von oben sehen. Dieser hat die Form eines Eies, bei dem die „Spitze" das Gesicht formt.

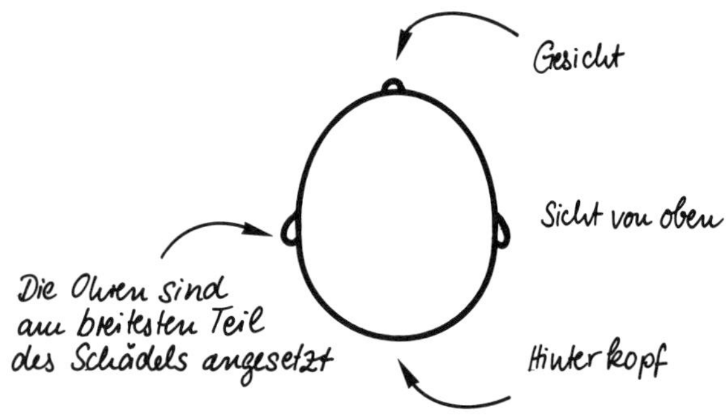

Von einem Gesicht en face sehen wir immer mehr als das Gebiet zwischen den äußeren Wänden der Augenhöhlen. Wir sehen die Schläfen und die Ohren, die am breitesten Teil des Schädels angesetzt sind. Von oben nach unten wird der Schädel schmäler. Das ist bei kleineren Kindern weniger deutlich wahrnehmbar (wegen der vollen Wangen) als bei Erwachsenen.

Das Gesicht

Das Gesicht kleiner Kinder ist viel flacher als das Erwachsener. Es hat keine hervorragenden Teile, wie eine lange Nase und ein spitzes Kinn, wie wir es bei Erwachsenen antreffen.
Bei einem Kind sind alle Teile rund: Wangen, Kinn, Stirn. Das ganze Gesicht erscheint rund. Das kommt daher, daß Kinder viel Fett unter der Haut haben, je jünger je mehr Fett. Wo Fett sitzt, spannt sich die Haut, und wo sich die Haut über Fett spannt, entstehen runde Formen. Da bei Erwachsenen das überschüssige Fett verschwindet, werden die Formen und Linien schärfer und eckiger. Die Haut spannt sich dann zum Beispiel über die Wangenknochen, die Wangen fallen mehr ein. Erwachsene Männer haben eckigere Formen als erwachsene Frauen, deren Formen im allgemeinen runder bleiben.
Bei Babys und Kleinkindern sitzen die Augenbrauen in der horizontalen Mitte des Kopfes. Bei älteren Kindern sitzen die oberen Augenlider in der Mitte, bei Erwachsenen der Augapfel.
Ein Kind hat fast ein symmetrisches Gesicht. Wenn wir ein Gesicht eines Erwachsenen vertikal durch die Mitte teilen, zeigt die ein Hälfte Züge, die zu einer positiven Gemüts-Stimmung gehören (z. B. Lachfalten). Die andere Hälfte zeigt Züge, die zu einer negativen Stimmung gehören (z. B. herabgezogene Mundwinkel). Je älter der Mensch wird, umso schärfer ist der Kontrast zwischen der rechten und der linken Hälfte. Daher haben ältere Menschen oft ein schiefes Gesicht. Man kann dann sagen, sein Gesicht ist vom Leben gezeichnet.

Hals

Bei Kindern ist der Hals schlank und kurz, je jünger das Kind ist, desto kürzer. Es scheint, als ob der Kopf direkt in den Körper übergeht. Der Hals ist keine gerade Röhre. Er steht vielmehr leicht nach vorn gebogen auf dem Rumpf. Der Nacken geht ohne Knick in die Wirbelsäule über. Der Hals fließt mit einer Wölbung über in die Brust. Die Halsseite ist länger als die Nackenseite.
Bei Erwachsenen ist der Hals ungefähr gleich breit wie das Gesicht. Bei Männern ist das besonders gut zu sehen. Frauen haben einen längeren Hals als Männer.

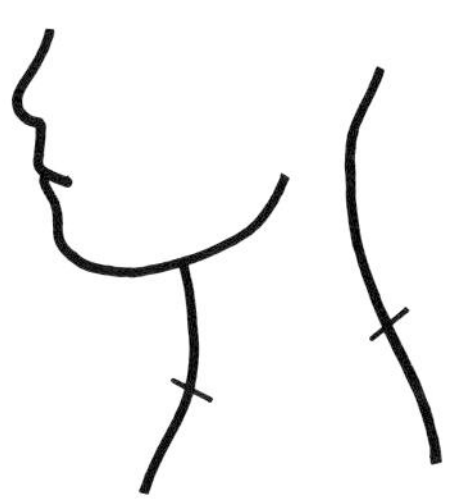

Stirn

Diese ist bei kleinen Kindern stark gewölbt.

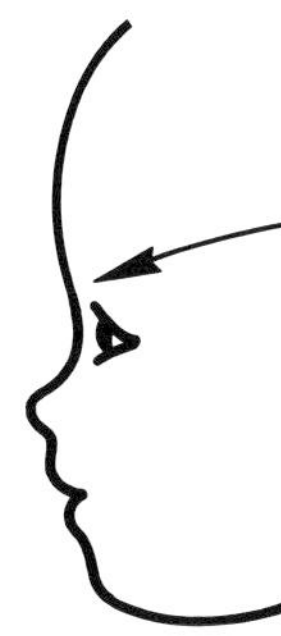

Die Augenbrauen befinden sich in der horizontalen Mitte des Kopfes. Bei Anfängern des Puppenmachens kommt es immer wieder vor, daß die Stirn zu niedrig modelliert wird. Die Ursache ist, daß man die Neigung hat zu modellieren, was man sieht: eine scharfe Nase, Mund und Kinn, aber keine große Stirn. Sie ist meist mit Haaren bedeckt, so daß wenig davon zu sehen ist. Dasselbe gilt für den Hinterkopf.
Der Hinterkopf wird meistens zu flach geformt. Diese Fehler kann man nicht mit einer schönen Puppen-Perücke ausgleichen! Ein Schädel muß deutliche Wölbungen haben.

Wenn Sie denken, daß jeweils die Stirn auf den schematischen Zeichnungen der Gesichter in diesem Buch zu hoch sei, können Sie, um sich das Gegenteil zu beweisen, ein Transparent-Papier auf die Zeichnung legen, die zu der betreffenden Altersgruppe paßt und dann Haare auf die Stirn zeichnen. Sie werden überrascht sein über das natürliche Resultat und feststellen, daß die Stirn bestimmt nicht zu hoch ist.

Augen

Es passen ungefähr 4 Augen in die Linie zwischen den beiden „Außenwänden der Augenhöhlen“. Bei Kindern liegen die Augen weiter auseinander als bei Erwachsenen. Je jünger das Kind ist, desto weiter stehen die Augen auseinander. Bei Babys und Kleinkindern befinden sich die Augen ungefähr in der vertikalen Mitte von jeder Gesichtshälfte. Je mehr die Augen durch die Augenlider oder durch Unterhautfett bedeckt sind, desto kleiner wirken sie. Darum erscheinen die Augen des einen größer als die der anderen, obwohl die Augäpfel gleich groß sind. Menschen, die viel an Gewicht verloren haben, scheinen plötzlich größere Augen als vorher zu haben. Je jünger das Kind ist, desto weniger tief liegen die Augen. Bei erwachsenen Männern liegen sie am tiefsten. Die äußeren Augenecken liegen tiefer in Richtung Hinterkopf. Ein Auge muß nach der Seite sehen können. Augen sind im Profil gut sichtbar.
Die inneren Augenecken liegen zur Nase hin niedriger. Die Tränenflüssigkeit kann so gut zum Tränenkanal abfließen.

Nase

Der Nasenrücken ist bei kleinen Kindern flach. Bei ihnen besteht die Nase eigentlich nur aus einem „Knubbel“ am Ende des Nasenrückens. Daher das Himmelfahrts-Näschen. Erwachsene haben einen hohen Nasenrücken, Männer höher als Frauen. Im Profil sehen wir vom Nasenrücken beim Kind am wenigsten, beim Mann am meisten. Je jünger das Kind ist, desto kürzer ist der Abstand von den unteren Augenlidern zur Nasenspitze. Die Nasenzwischenwand liegt beim Kind höher (Richtung Augen) als die Nasenflügel. Beim Erwachsenen sind die Nasenflügel nach vorn gezogen, daher haben die Nasenlöcher eine langgestreckte Form, die Nase ist schmaler. Kinder haben eine breite, platte Nase, je jünger, je breiter und flacher.

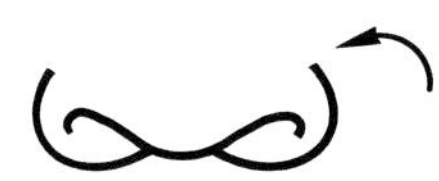

Kind

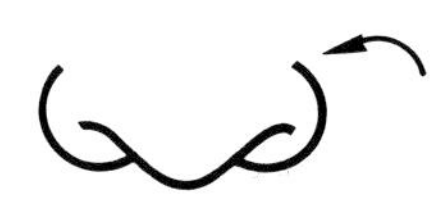

Erwachsener

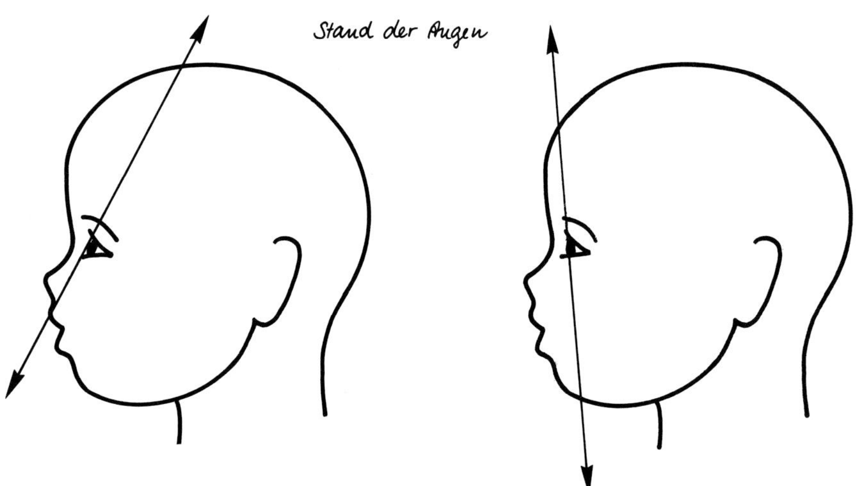

falsch

richtig

Mund

Dieser ist bei kleinen Kindern nicht so stark nach vorn gewölbt wie bei Erwachsenen. Wir können das gut sehen, wenn wir ein Kind in etwas beißen lassen. Wir sehen dann eine geringere Hufeisenform als beim Erwachsenen.

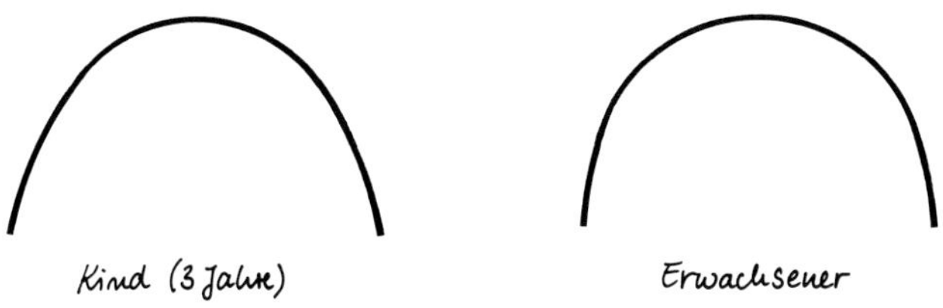

Der Mund folgt in etwa dem Bogen des Gebisses, daher ist es deutlich, warum bei Kindern der Mund weniger nach vorn gewölbt ist.
Die Unterlippe des Kindes tritt zurück. Die Oberlippe steht vor. Je jünger das Kind ist, desto mehr. Dieses ist durch das Zurückweichen des Kinns zu erklären. Das Saugen bei der Mutter wird dadurch erleichtert. Die Oberlippe ist etwas nach oben gewölbt, dadurch ist der Mund oft ein bißchen geöffnet. Das weckt unbewußt mütterliche Gefühle: „Oh, ein offenes Mündchen, da muß ich schnell etwas Eßbares hineinstopfen". Ein Kindermund ist schmal, dadurch wirken die Lippen voller, je jünger, desto schmaler. Die Mundecken liegen niedriger (in Richtung Kinn).

Kinn

Je jünger das Kind ist, desto mehr weicht das Kinn zurück. Auch dadurch bekommt das Kind einen hilflosen Ausdruck. Ein hervorragendes Kinn und ein gut entwickelter Unterkiefer erwecken den Eindruck, es mit einer streitlustigen Person zu tun zu haben; das sind Eigenschaften, die zu einem Kind nicht passen, aber zu einem Mann. Die Wangen bilden einen Bogen. Das Kinn ist nur ein „Knubbel". Dies wird durch das viele Unterhautfett verursacht. Bei Erwachsenen verschwindet das überschüssige Fett, somit spannt sich die Haut über den Unterkiefer. Das Kinn entwickelt sich stärker und wird markanter, die Unterkiefer-Linie wird schärfer. Kleine Kinder haben noch keine deutlich abgesetzte Kiefer-Linie.

Ohren

Je jünger das Kind ist, desto niedriger sind die Ohren am Kopf angesetzt. Bei Babys verläuft die Oberkante des Ohres ungefähr mit dem obersten Teil der Augenlider, und die Unterkante des Ohres mit der Scheidungs-Linie der Lippen. Bei Kleinkindern verläuft die Oberkante des Ohres in der Höhe der Augenlider, und die Unterkante mit der Mitte der Oberlippe. So verschiebt sich der Ohransatz zu der Position der Erwachsenen: die Oberkante verläuft etwa mit den Augenbrauen, und die Unterkante des Ohres mit der Unterseite der Nasenspitze.

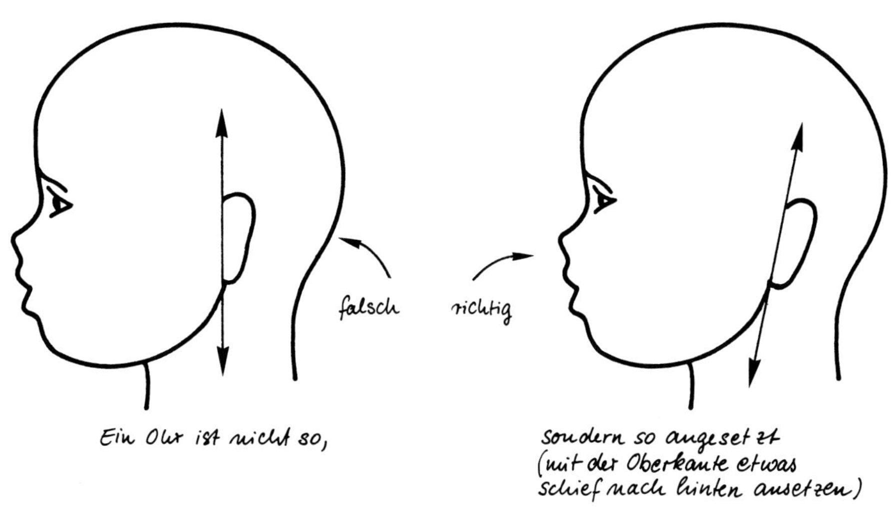

Hände

Kinderhände unterscheiden sich von Erwachsenen-Händen weniger als Kinderfüße von Erwachsenen-Füßen. Das kommt daher, daß die Hände schon bei der Geburt besser entwickelt sind als die Füße. Ein Baby kann sofort etwas greifen und festhalten. Das Laufen lernt es erst viel später. Kinderfinger zeigen kleine Fettwülste, auf diesen sitzen kleine Grübchen.
Das Handgelenk ist auch undeutlich sichtbar. Je jünger das Kind ist, desto tiefer sind die Falten am Handgelenk und an den übrigen Gelenken. Darum sind Kinderhände motorisch noch so ungeschickt. Mit dem Verschwinden der Fettpolster rund um die Gelenke nimmt die Beweglichkeit der Hände zu und sie werden stets funktioneller.
Eine Hand ist vom Ansatz-Punkt der Finger zum Handgelenk und vom Ansatzpunkt zu den Fingerspitzen konisch. Die 4 gegeneinander geschlossenen Finger sind zusammen an den Spitzen schmäler als da, wo sie beginnen. Auch die Finger selbst sind konisch. Bei kleinen Kindern ist es deutlich wahrnehmbarer als bei Erwachsenen, (spitz zulaufende Fingerchen).
An der Innenseite der Hand sind die Finger kürzer als die Handfläche. Am Handrücken ist es umgekehrt. An der Handballen-Seite sind die Finger in 3 gleichlange Glieder geteilt. Am Handrücken sind die unteren Glieder länger. Ein Daumen hat nur 2 Glieder.
Eine Hand ist nicht glatt, sondern gewölbt. Im Handballen befindet sich eine Höhle. Der Ansatz der Finger ist „rund". Wir können das gut auf der „Umriß-Zeichnung der Hand bei jeder beschriebenen Alters-Gruppe" sehen. Der Daumen ist am niedrigsten angesetzt. Wäre er auf gleicher Höhe wie die übrigen Finger angesetzt, hätten wir keine Hand, sondern einen „Büschel" Finger. Der Daumen kann jede Finger-Spitze berühren.
Die Spitze des kleinen Fingers sitzt auf gleicher Höhe mit dem letzten Gelenk des Ringfingers. Während der Entwicklung vom Kind zum Erwachsenen werden die Hände stets schmäler und länger. Bei einem kleinen Kind hat die Handfläche die Form eines Rechteckes mit der langen Seite als Basis (liegend) und bei Erwachsenen die Form eines Rechteckes mit der kurzen Seite als Basis (stehend).

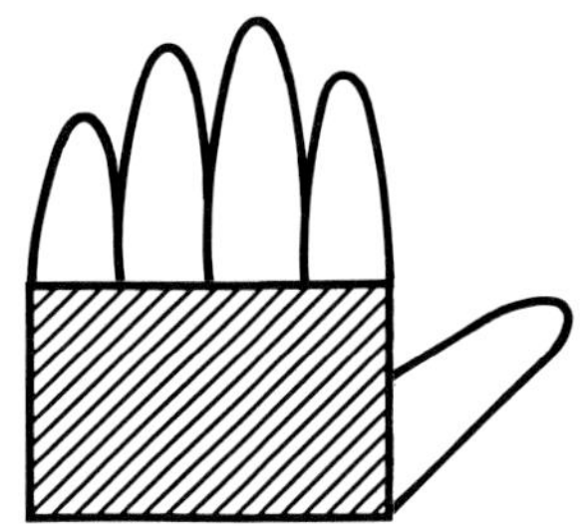

Schematische Zeichnung Kinderhand

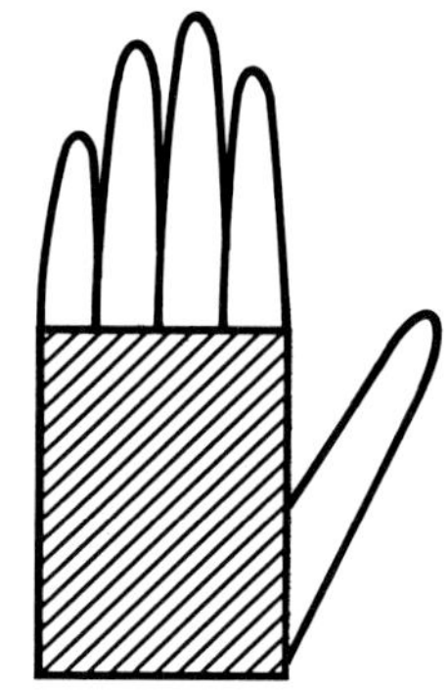

Schematische Zeichnung Erwachsenenhand

Wenn wir bei einem Baby den Handballen gegen das Kinn halten, reicht die Spitze des Mittelfingers bis zu den Augenbrauen. Bei einem Erwachsenen reicht die Spitze des Mittelfingers bis zur Mitte der Stirn. Stehen wir in einer entspannten Haltung und bringen die Arme vorn zusammen, formen die Hände an der Daumenseite einen Winkel von 90°. Die Haltung der Arme ist bei Kleinkindern so, daß die Ellenbogen mehr mit der Innenseite (Richtung Taille) gedreht sind als bei Erwachsenen. Dies läßt das Kind hilfloser, verletzlicher aussehen. Das Zeigen der Innenseite der Arme und der Hände wirkt immer entwaffnend.

Füße

Bei kleinen Kindern ist die Ferse im Verhältnis zum Vorfuß schmaler als beim Erwachsenen. Auch ihre Fußsohle ist flacher. Je jünger das Kind ist, desto gerader ist auch die Linie entlang der Außenseite des Fußes. Vergleiche auch die Linien an der Innenseite des Fußes von einem 1 1/2 jähr. Kind mit einem 4jähr. Kind (siehe Zeichnung).

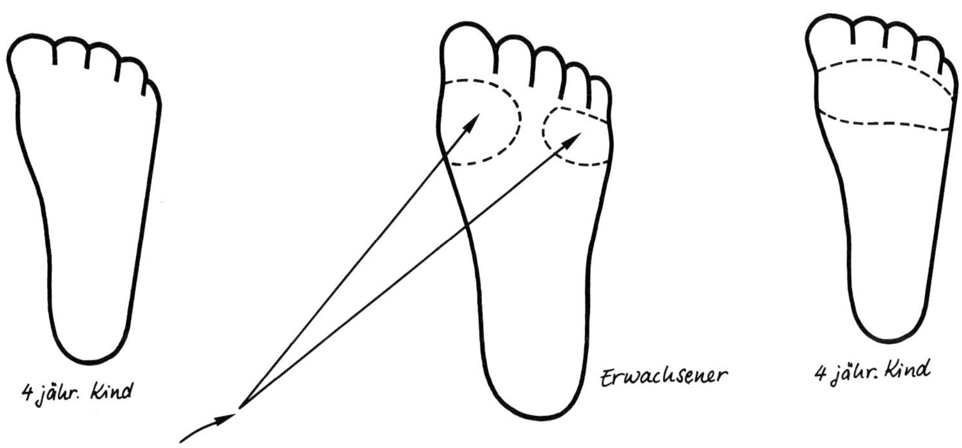

Diese Teile sind bei Erwachsenen als Verdickung und einer Vertiefung dazwischen zu sehen. Beim Kind ist an dieser Stelle Unterhaut-Fett. Daher ist eine Kinder-Fuß-Sohle weniger gewölbt als die von Erwachsenen. Die Zehen sitzen, wie die Finger an der Hand, mit einer Rundung am Fuß. Diese Rundung verläuft etwas schräger nach der Außenseite. Wir können das wieder an den „Fuß-Zeichnungen" in diesem Buch sehen. Bei einem Kind berühren nur Zehenspitzen den Boden. Sie sind kurz und stark gebogen. Je jünger das Kind ist, desto deutlicher ist das zu sehen. Bei einem Erwachsenen sind die Zehen gerade und lang, so daß sie den Boden flach berühren. Dies gibt dem Fuß die richtige Funktion. Für den Kinderfuß gilt das gleiche wie für die Hand: da wo beim Erwachsenen die Gelenke sind, hat das Kind Falten (Fettfalten) und Grübchen.

Wieder können wir sagen, je jünger das Kind ist, desto tiefer sind die Fältchen. Mit dem Erwachsenwerden verschwindet das Baby-Fett und die Knochen werden sichtbar. Wir sagen von Jemandem, der arg mager ist (sehr wenig Fett hat): „er hat nur Haut über den Knochen". Viele alte Menschen sind sehr mager, was nicht verwunderlich ist, wenn man weiß, daß mit dem Alter immer mehr Unterhaut-Fett verschwindet. Hände und Füße müssen für ihre optimale Funktion so leicht wie möglich sein. Sie haben darum keine schweren Muskel-Gruppen, sondern Sehnen, die mit starken Muskeln am Unterschenkel und Unterarm verbunden sind.
Ein kleines Kind läuft mit den Füßen nach innen gedreht. Auch dieses ergibt wieder einen hilflosen Eindruck. Alle „Säugetier-Kinder" müssen hilflos erscheinen, damit sie die Erwachsenen an ihre Fürsorgepflicht erinnern. Die Form des Kindergesichtes erweckt auch solche Gefühle: die stark gewölbte Stirn, die runden Wangen, die großen „runden" Augen, das kleine Kinn, der kleine Mund, der oft etwas geöffnet ist und das „Himmelfahrtsnäschen". Manche Puppenmacher übertreiben absichtlich diese Aspekte, um ihre Puppen noch lieblicher erscheinen zu lassen.

(*Wichtig für Puppenmacher:* Gießformen für die Puppe „Elsbett", Farbtafel I, sind erhältlich bei Fa. Johanna Haida, Cuno-Hoffmeister-Str. 5 O-6400 Sonneberg/Thüringen).

Etwas über die Maße

Alle Maße sind auf halbe cm abgerundet, da das Arbeiten mit Zahlen, wie 40,1 cm, lästig ist. Ich habe solche Zahlen dann auf 40 cm abgerundet. Dies ergibt höchstens einen Unterschied zur Realität von 2 mm nach oben oder unten; das kann man hinnehmen. Das Abrunden ist auf eine solche Art und Weise geschehen, daß alle Verhältnisse stimmen und die wirkliche Körpergröße gewährleistet bleibt.

Nur die Maße im Gesicht sind auf ganze mm abgerundet, weil ich da so genau wie möglich arbeiten wollte!

Achten Sie bitte darauf, daß einmal cm und ein anderes Mal mm als Maßeinheiten gebraucht wurden!

Auf jeder schematischen Zeichnung der ganzen Figur ist u. a. die Rede vom Abstand „Kinn-Grübchen im Hals“. Dieser Abstand ist variabel (ohne die totale Körpergröße zu beeinflussen): je mehr ein Kind den Kopf gebeugt hält, desto kleiner ist es. Übrigens meine ich mit der Bezeichnung „Grübchen im Hals“ eher die Stelle, wo es sich befindet. Bei kleinen Kindern ist dies kaum als Grübchen zu erkennen.

Ich bin beim Anfertigen der Zeichnung sowohl von den Maßen ausgegangen, die ich bei Kindern gemessen habe, als von Fotos, auf die ich eine „Maßeinteilung“ angebracht habe. Die Maße und Zahlen, die bei der jeweiligen Altersgruppe in diesem Buch angegeben sind, gehören nicht zu den dort fotografierten Kindern; dies aus ganz praktischen Erwägungen. Es waren große Zeitunterschiede zwischen dem Messen und dem Fotografieren der Modelle.
Sie können Ihre Puppen ruhig mit Hilfe der gegebenen Maße anfertigen, und die Kinderfotos als Vorbild, wie die Arme und Beine zu modellieren oder zu nähen sind, nehmen.

Auf den Zeichnungen von der ganzen Körpergröße der Kinder von 1 $^1/_2$, 2 $^1/_2$ und 4 Jahren entspricht die Zeichenfigur $^1/_4$ der wirklichen Länge des Kindes. Auf den Zeichnungen der Kinder von 6, 8 und 10 Jahren entspricht die Zeichenfigur $^1/_5$ der wirklichen Länge, da hier $^1/_4$ nicht auf die Blatt-Seite passen würde.

Die Maße dagegen, die auf allen Zeichnungen stehen, auch die der Gesichter, sind die *wirklichen Maße der Kinder.* Diese müssen also nicht mit einer bestimmten Zahl vervielfältigt werden. Im Gegenteil – Sie müssen diese Maßangaben entsprechend der Größe der von Ihnen geplanten Puppe so dividieren, wie auf Seite 7 beschrieben.

Zeichnungen und Bildvorlagen für eine Puppe, die einem Kind im Alter von 1 1/2 Jahren entspricht:

Puppe „Elsbett“

Das dafür fotografierte Kind heißt Yvette,
1 1/2 Jahre alt

Die ganze Körperlänge eines 1 1/2 jähr. Kindes beträgt ca. 4,25 × die Kopflänge.
Denn: bei einem Baby ist die Gesamtlänge ca. 4 × die Kopflänge und bei einem 2 1/2 jähr. Kind ca. 4,5 × die Kopflänge; bei einem 1 1/2 jähr. Kind liegen die Maße ungefähr dazwischen.
Yvette ist 0,25 cm größer als 4,25 × die Kopflänge.

Um vorzubeugen, daß die Zeichnung mit den verschiedenen Maßen unübersichtlich wird, sind hier unten noch einige Maße angegeben:

- Umfang der Brust, direkt unter der Achsel = 49 cm
- Umfang der Taille = 45 cm
- Umfang der Hüften = 46 cm
- Umfang höchstes Teil der Oberschenkel (Schritt) = 28 cm
- Umfang Mitte des Oberschenkels = 27 cm
- Umfang Knie = 22 cm
- Umfang Mitte des Unterschenkels = 20,5 cm
- Umfang der Fessel = 15,5 cm
- Umfang höchster Teil des Oberarmes bei der Achsel = 17 cm
- Umfang Mitte des Oberarmes = 16 cm
- Umfang des Ellbogens = 15,5 cm
- Umfang Mitte des Unterarmes = 15 cm
- Umfang des Handgelenkes = 12 cm
- Abstand zwischen beiden Schultern (Schulterbreite) = 21 cm

Das Gesicht

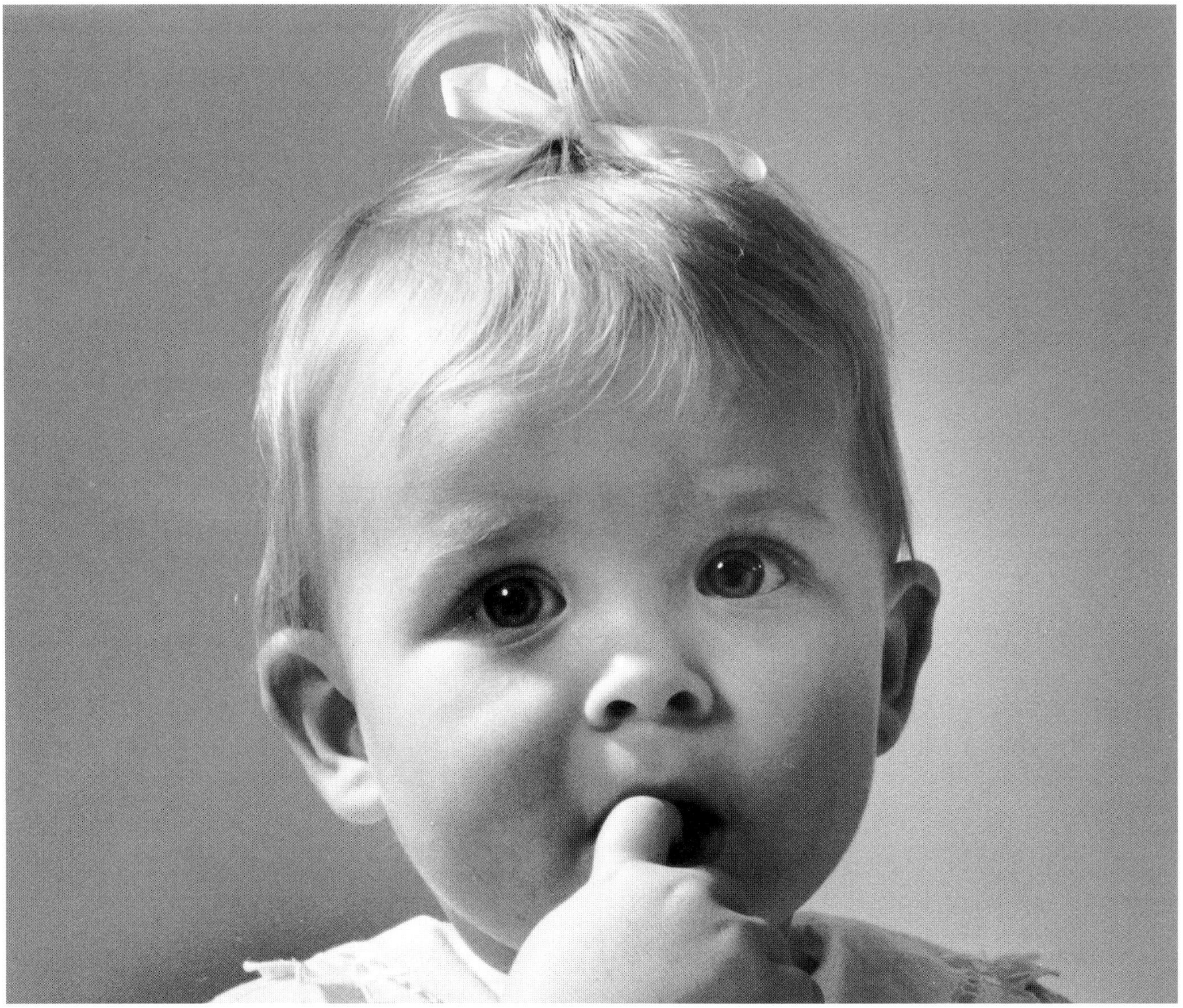

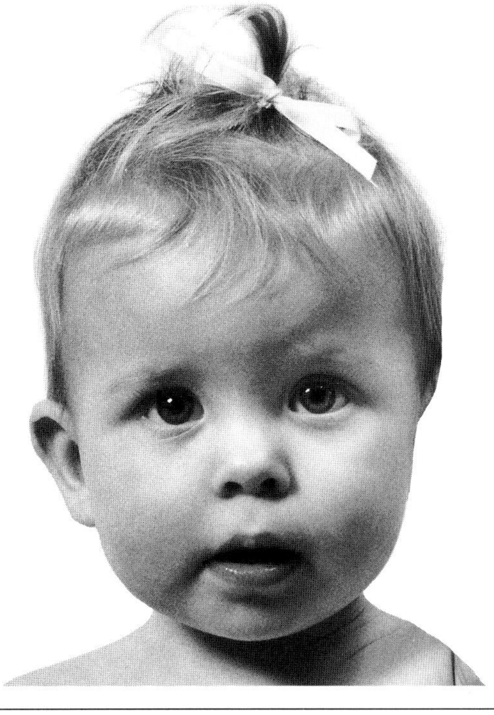

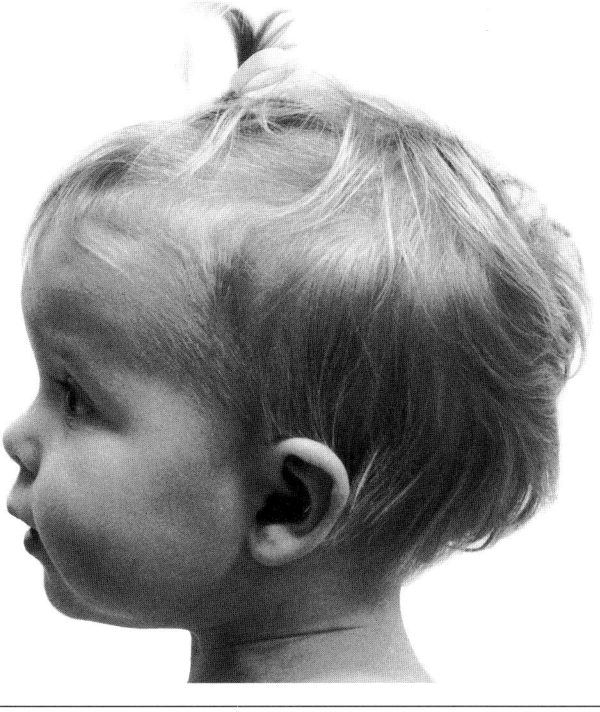

Gesicht eines 1 1/2 jährigen Mädchens

Breite Vorhaupt-Hinterkopf 17,5 cm

Umfang über Vor- und Hinterkopf 50 cm

Umfang über Kinn und über Schädel 50,5 cm

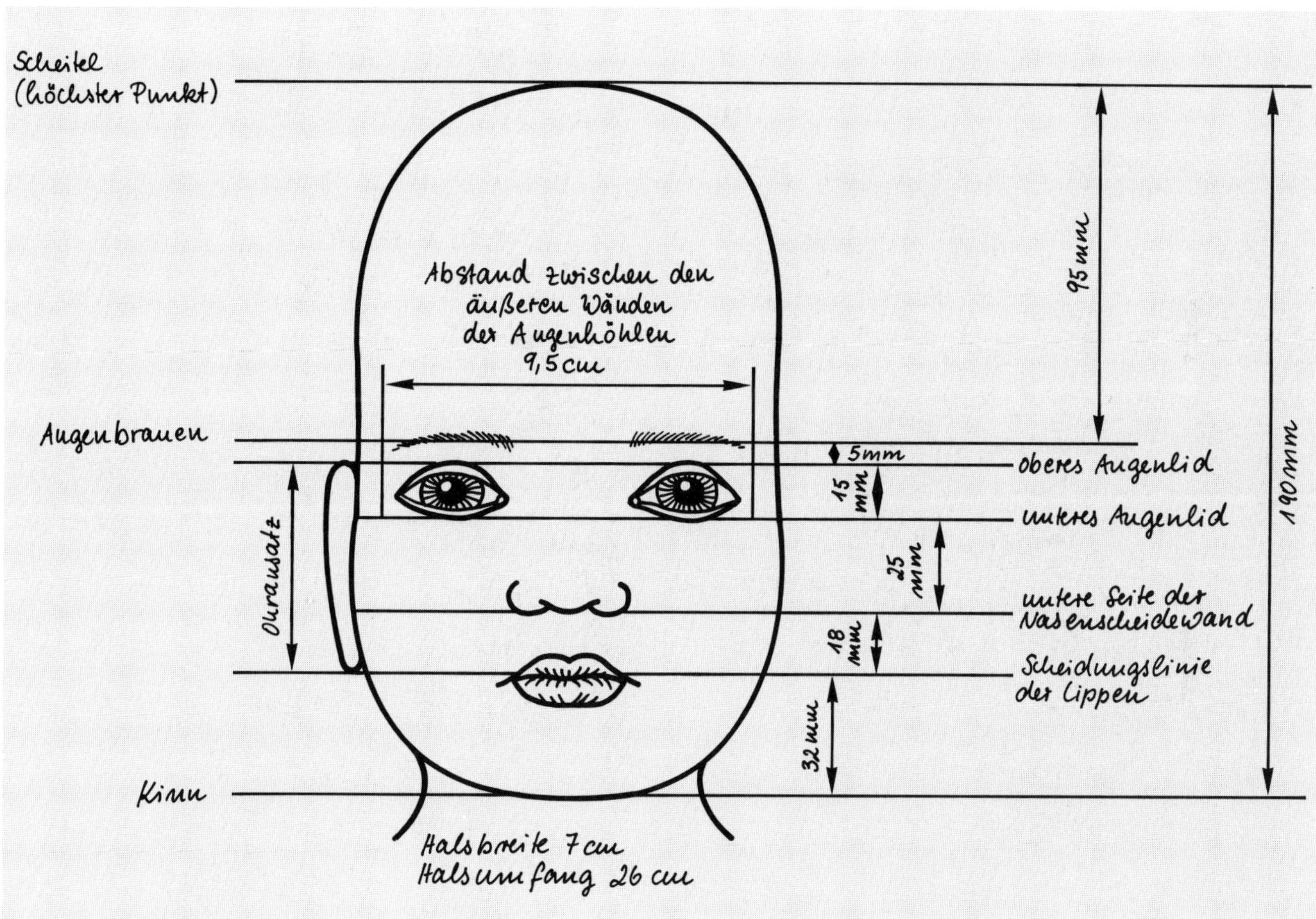

Breitester Teil der Wangen 110 mm

Breite der Augen incl. der Augenlider und Tränensäckchen 28 mm

Raum zwischen den Augen, gemessen ab der Tränensäcke 32 mm

Breite des Mundes incl. der Mundecken 38 mm

Breite der Nase incl. der Nasenflügel 30 mm

Abstand der Unterseite der Nasenscheidenwand und Oberlippe 12 mm

Der Körper von vorn und hinten

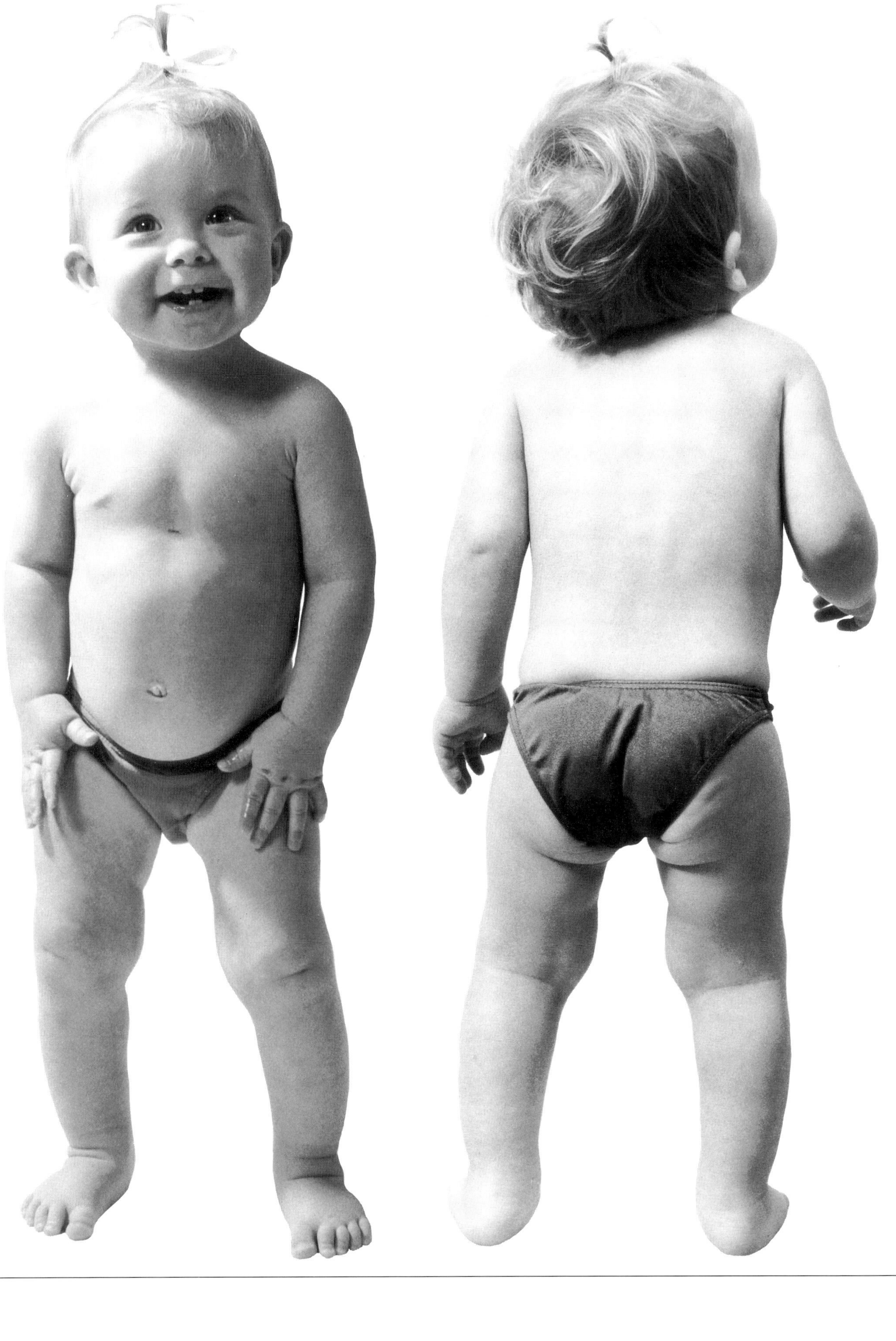

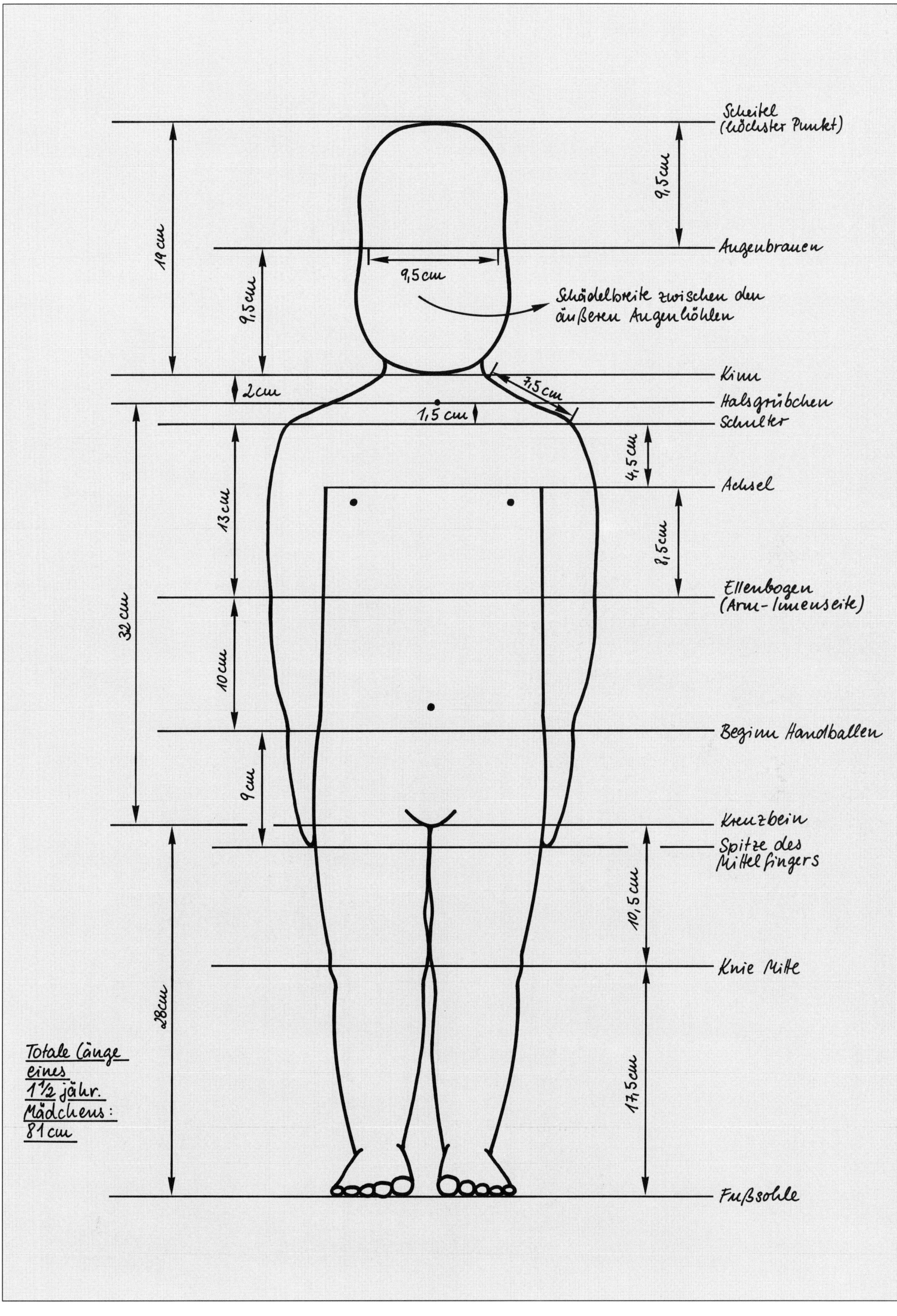
Scheitel (höchster Punkt)
9,5 cm
19 cm
Augenbrauen
9,5 cm
9,5 cm
Schädelbreite zwischen den äußeren Augenhöhlen
Kinn
2 cm
7,5 cm
Halsgrübchen
1,5 cm
Schulter
4,5 cm
32 cm
13 cm
Achsel
8,5 cm
Ellenbogen (Arm-Innenseite)
10 cm
Beginn Handballen
9 cm
Kreuzbein
Spitze des Mittelfingers
10,5 cm
Knie Mitte
28 cm
17,5 cm
Fußsohle
Totale Länge eines 1½ jähr. Mädchens: 81 cm

Hand, Fuß

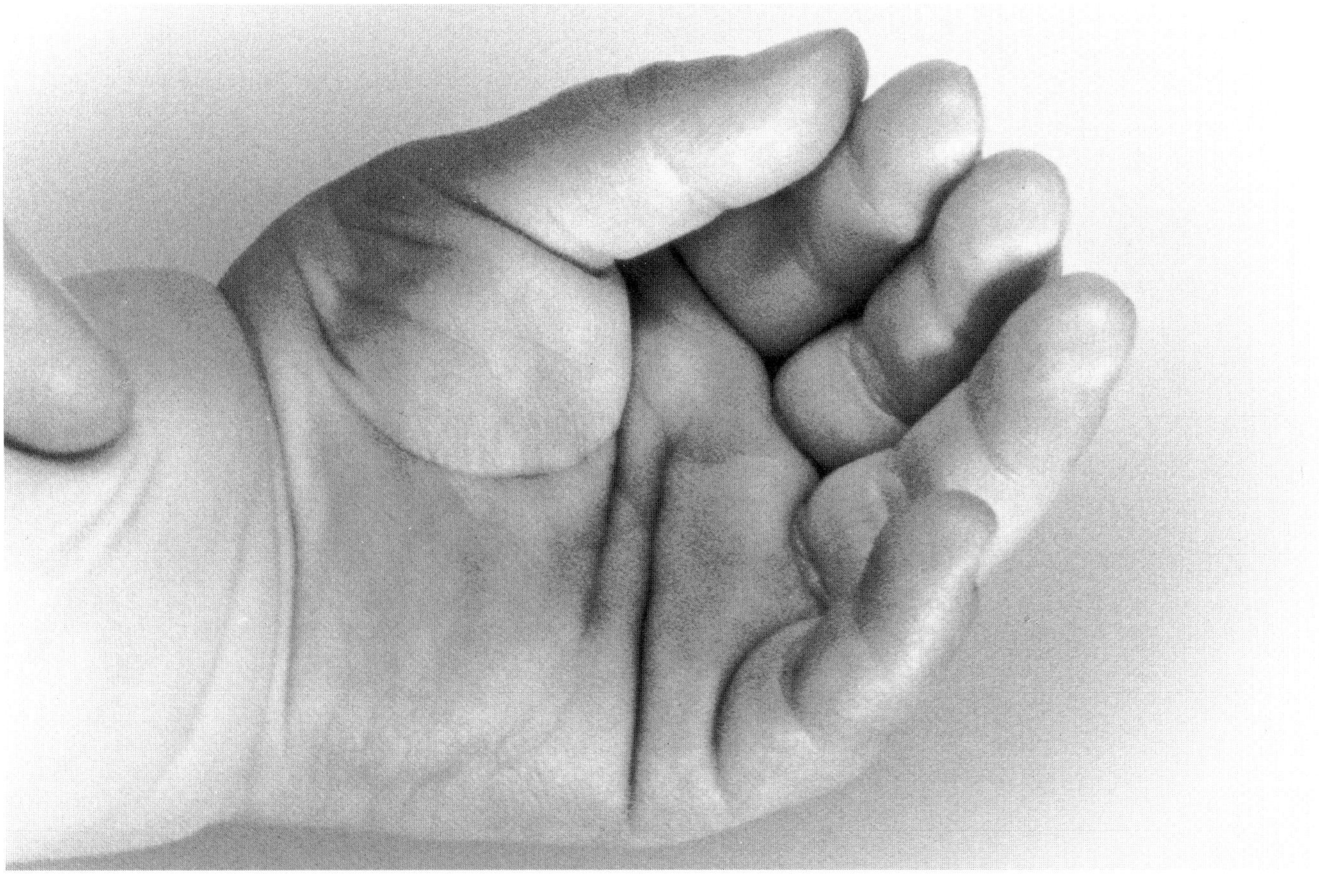

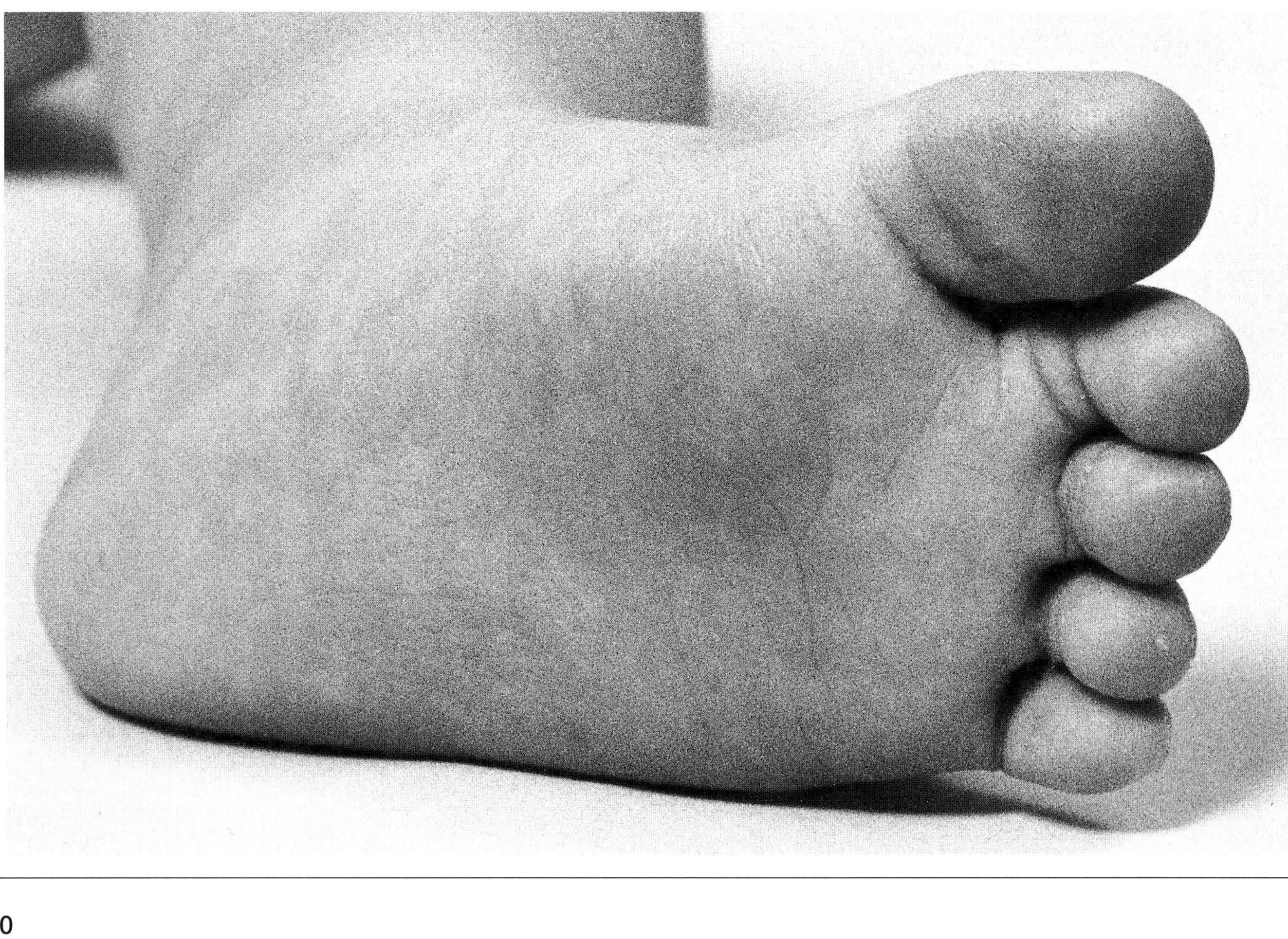

Handumfang eines
1 1/2 jähr. Mädchens
(reale Größe)

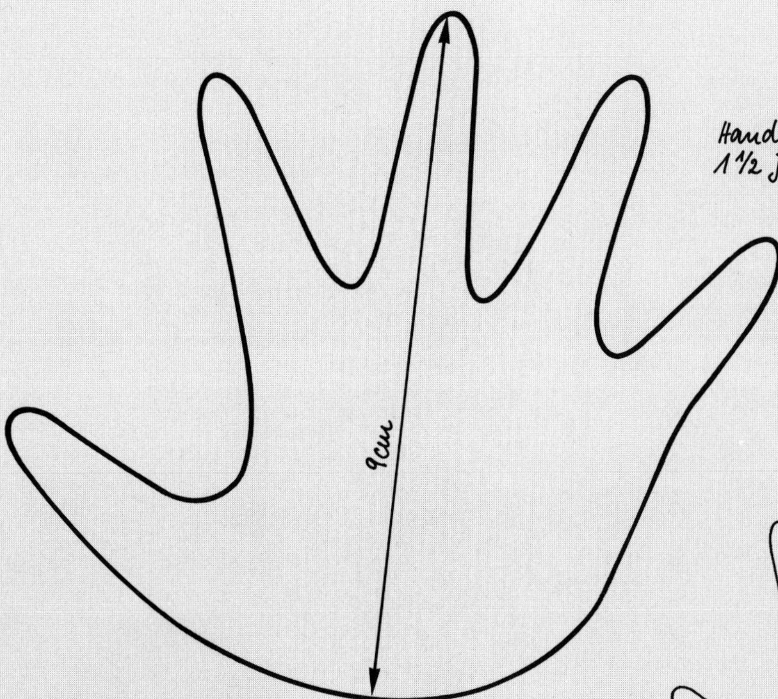

Handlänge eines
1 1/2 jähr. Mädchens
(halbe reale Größe)

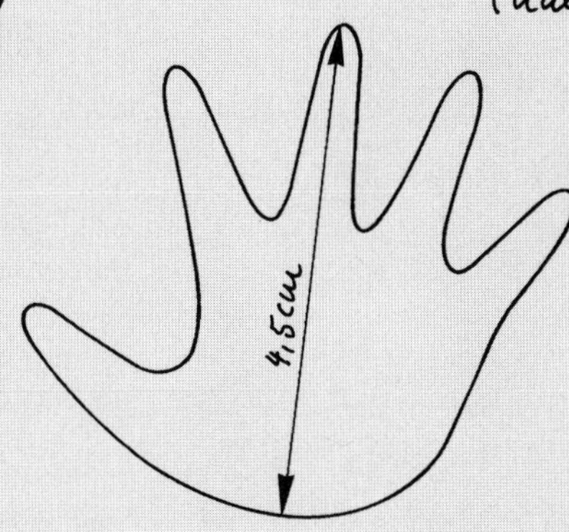

Fußumfang eines
1 1/2 jähr. Mädchens
(reale Größe)

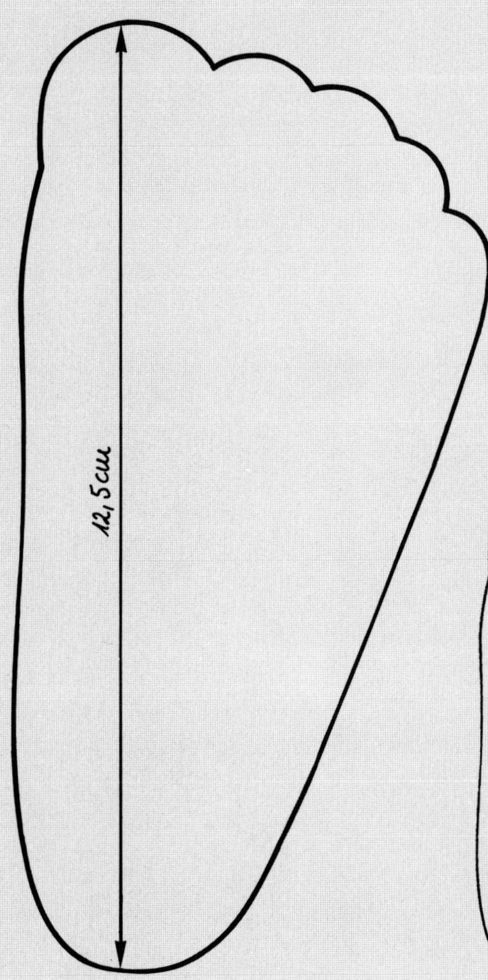

Fußlänge eines
1 1/2 jähr. Mädchens
(halbe reale Größe)

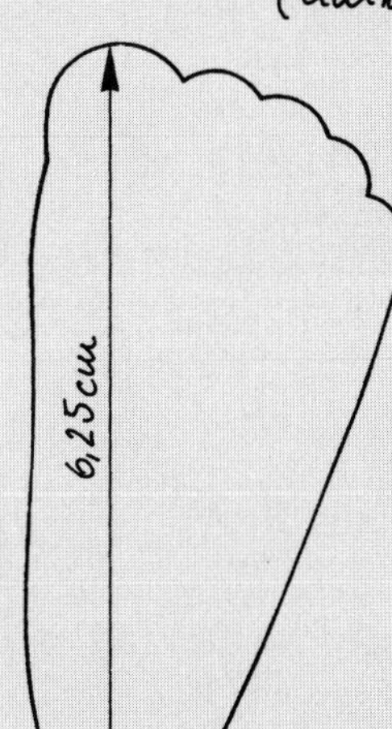

Verschiedene Fußstellungen (Modelliervorlagen)

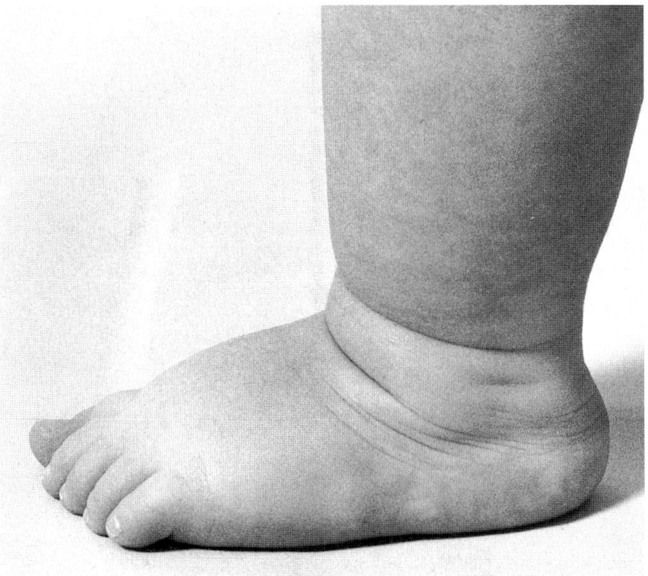

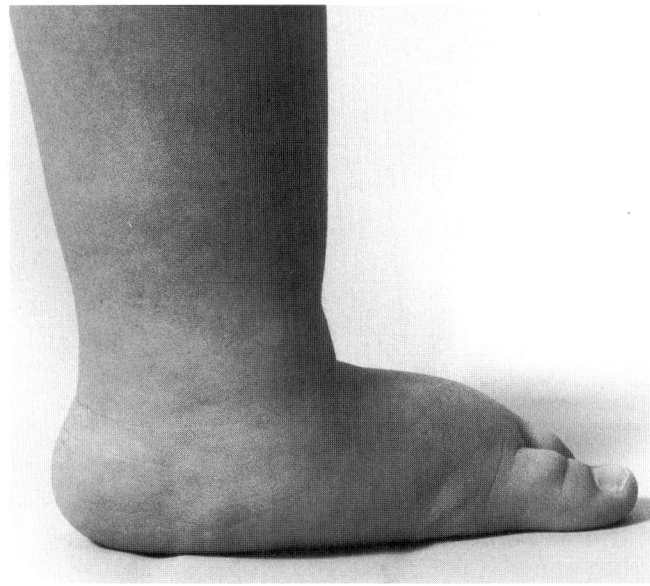

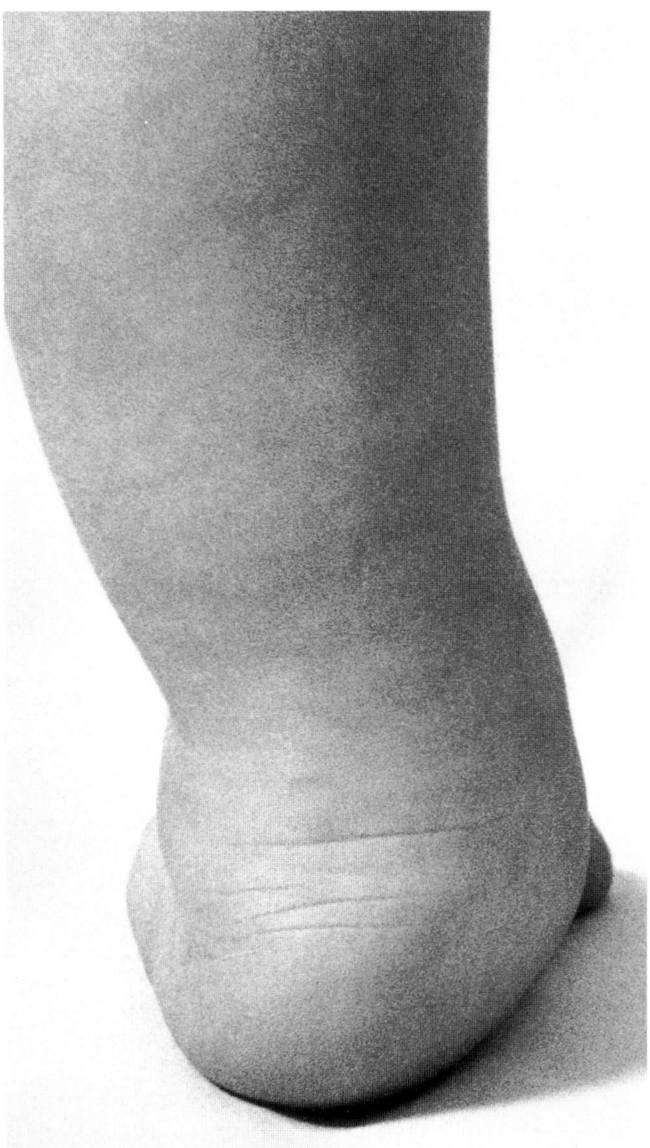

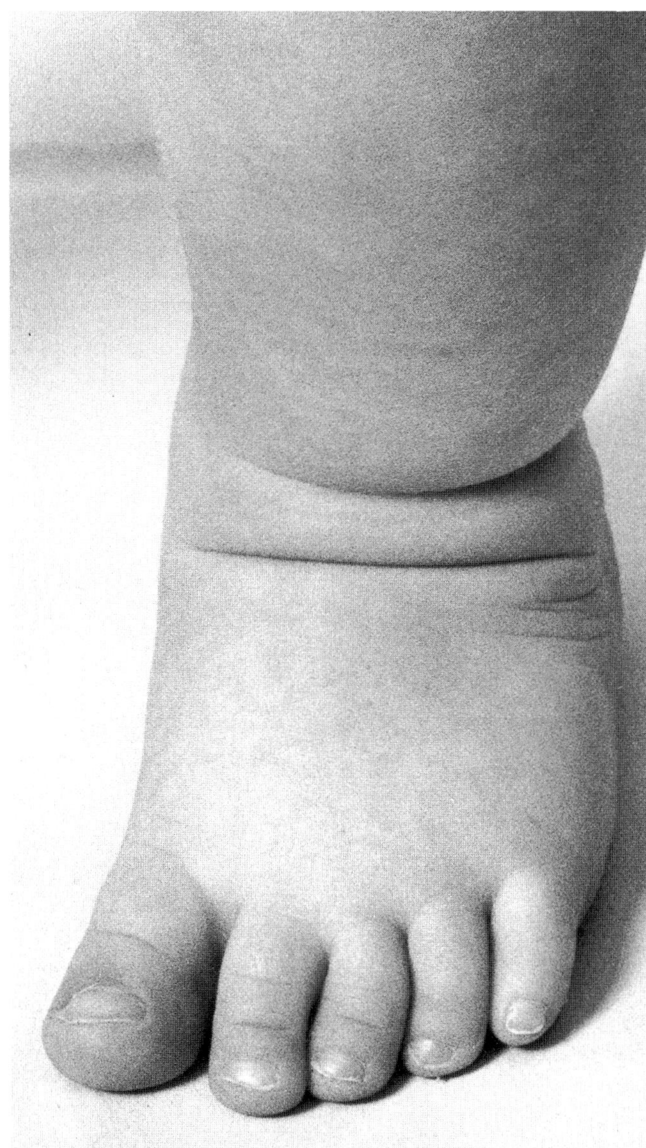

Verschiedene Handstellungen (Modelliervorlagen)

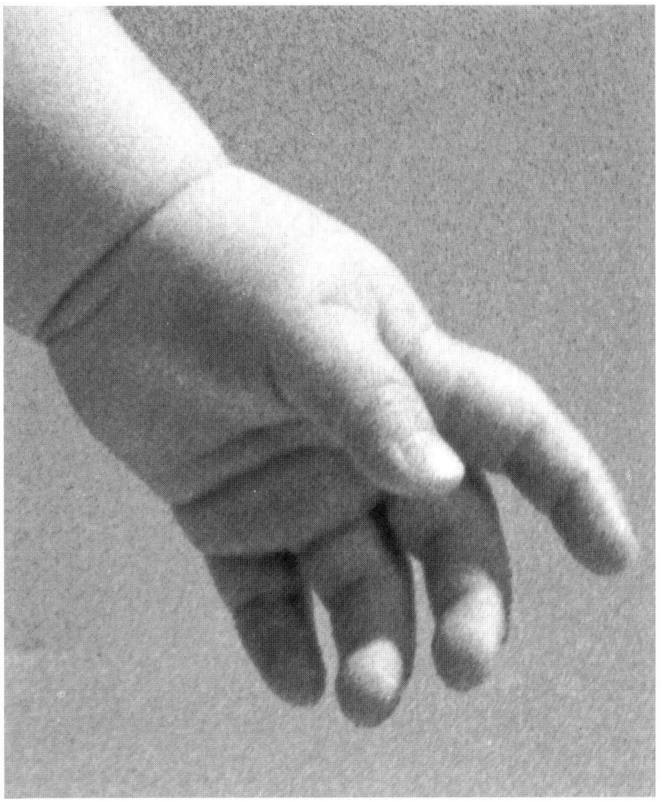

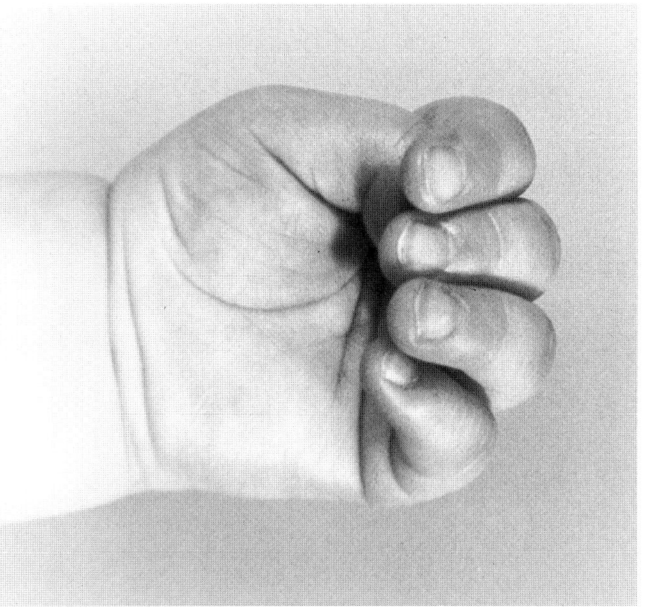

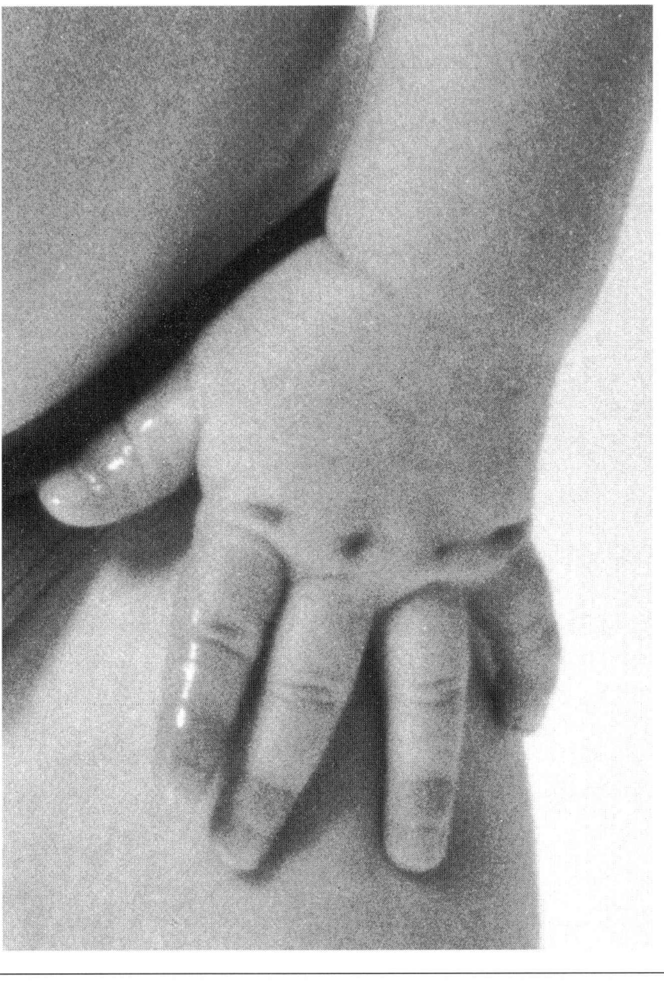

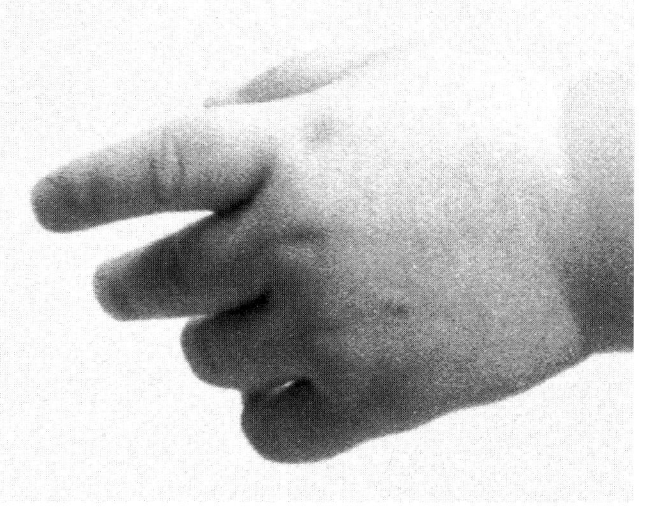

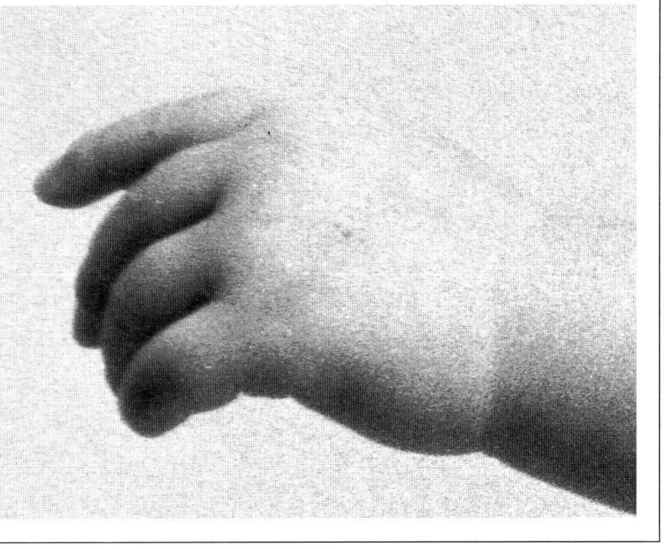

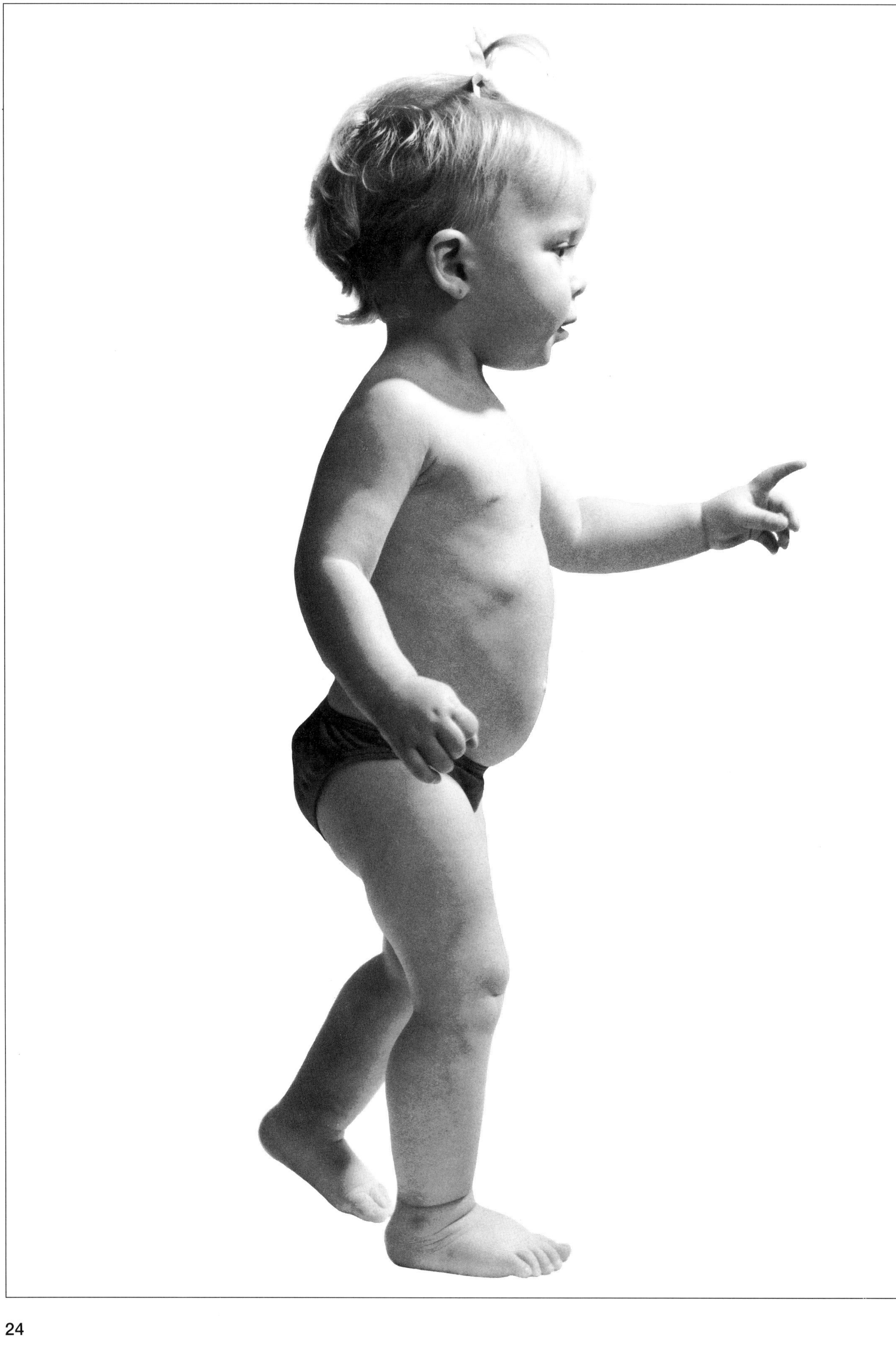

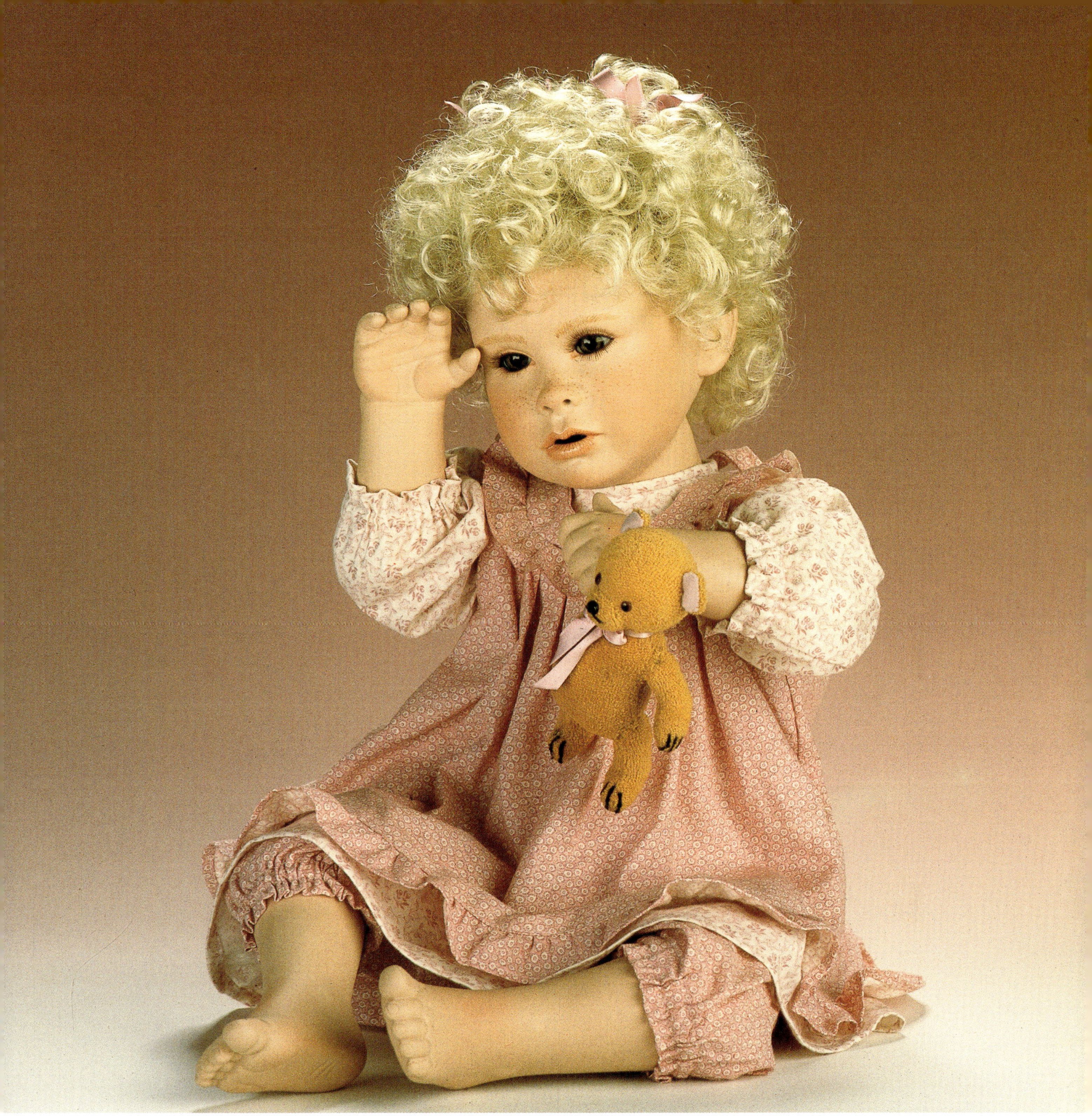

Yvette, seitlich fotografiert
und die ihren Maßen nachgebildete Puppe
„Elsbett“ (oben), Körperlänge ca. 62 cm
Porzellan

Zeichnungen und Bildvorlagen für eine Puppe, die einem Kind im Alter von 2 1/2 Jahren entspricht:

Puppe „Nathalie“

Das dafür fotografierte Kind heißt Withley, 2 1/2 Jahre alt

Die ganze Körperlänge eines 2 1/2 jähr. Kindes beträgt ca. 4,5 × die Kopflänge.
Denn: bei einem Baby ist die Gesamtlänge ca. 4 × die Kopflänge und bei einem 4 jähr. Kind ca. 5 × die Kopflänge; bei einem 2 1/2 jähr. Kind liegen die Maße ungefähr dazwischen.
Withley ist 2 cm kleiner als 4,5 × die Kopflänge.

Um vorzubeugen, daß die Zeichnung mit den verschiedenen Maßen unübersichtlich wird, sind hier unten noch einige Maße angegeben:

- Umfang der Brust, direkt unter der Achsel = 52 cm
- Umfang der Taille = 49 cm
- Umfang der Hüften = 52 cm
- Umfang höchstes Teil der Oberschenkel (Schritt) = 32 cm
- Umfang Mitte des Oberschenkels = 28 cm
- Umfang Knie = 22,5 cm
- Umfang Mitte des Unterschenkels = 21,5 cm
- Umfang der Fessel = 16 cm
- Umfang höchster Teil des Oberarmes bei der Achsel = 18 cm
- Umfang Mitte des Oberarmes = 16,5 cm
- Umfang des Ellbogens = 16 cm
- Umfang Mitte des Unterarmes = 15,5 cm
- Umfang des Handgelenkes = 12,5 cm
- Abstand zwischen beiden Schultern (Schulterbreite) = 23 cm

Das Gesicht

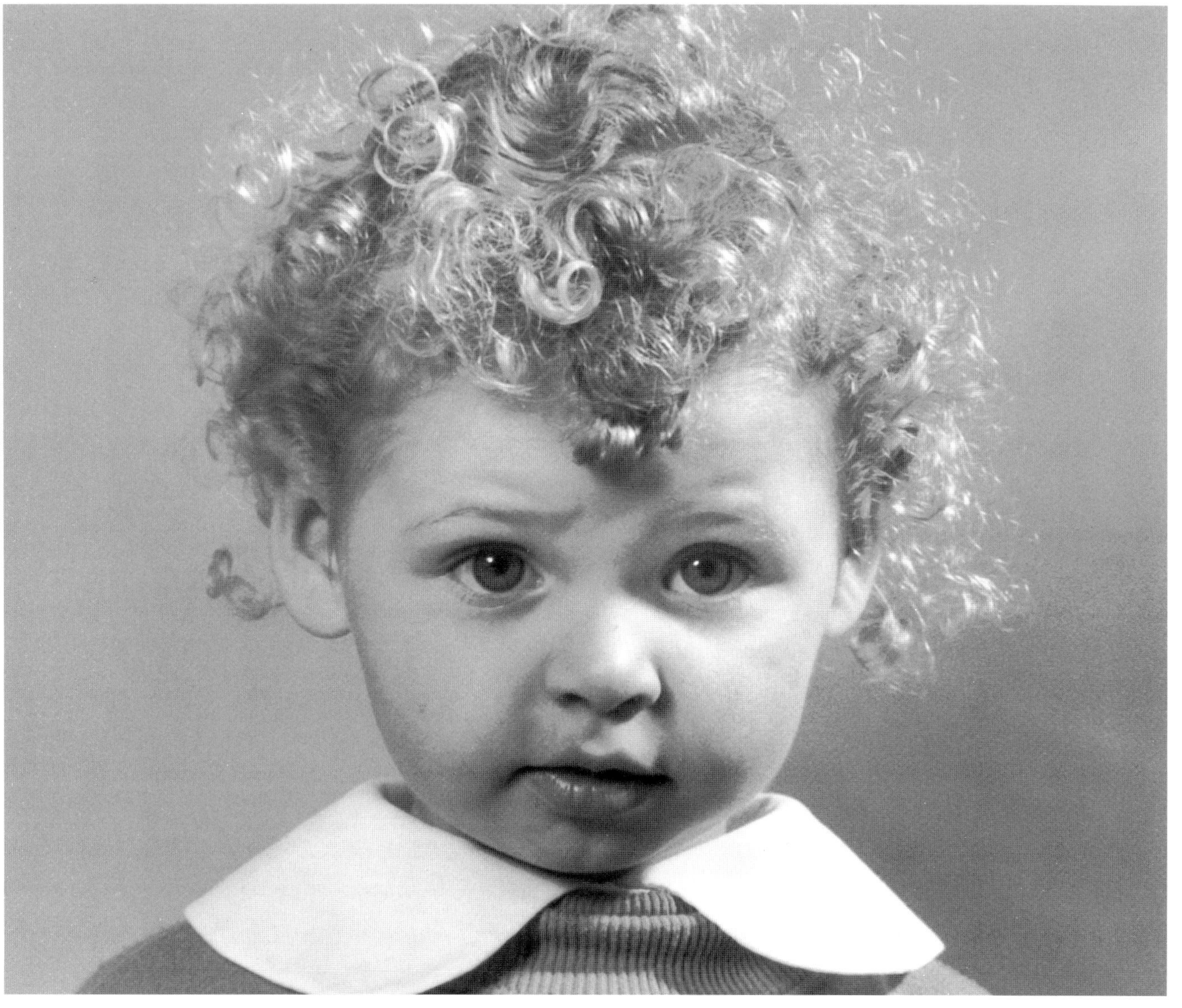

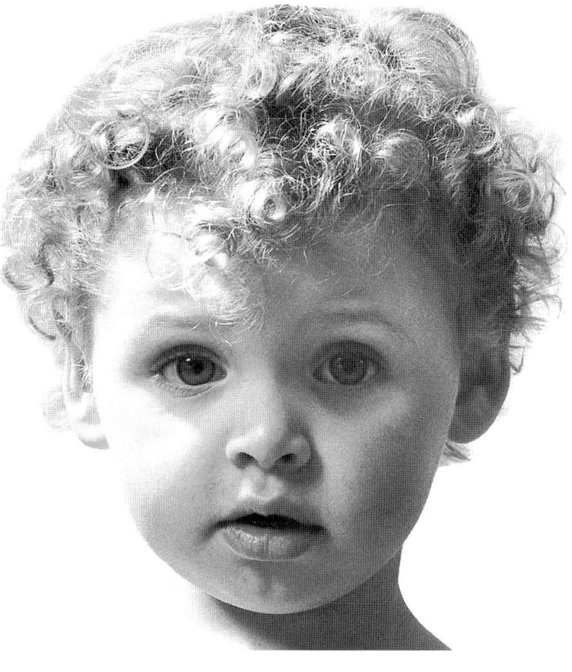

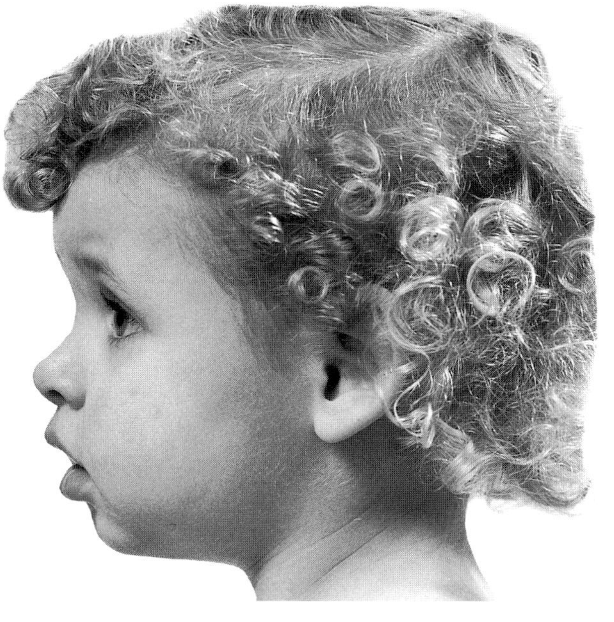

Gesicht eines 2 1/2 jährigen Mädchens

Breite Stirn-Hinterkopf 17,5 cm

Umfang über Vor- und Hinterkopf 50 cm

Umfang über Kinn und über Scheitel 50,5 cm

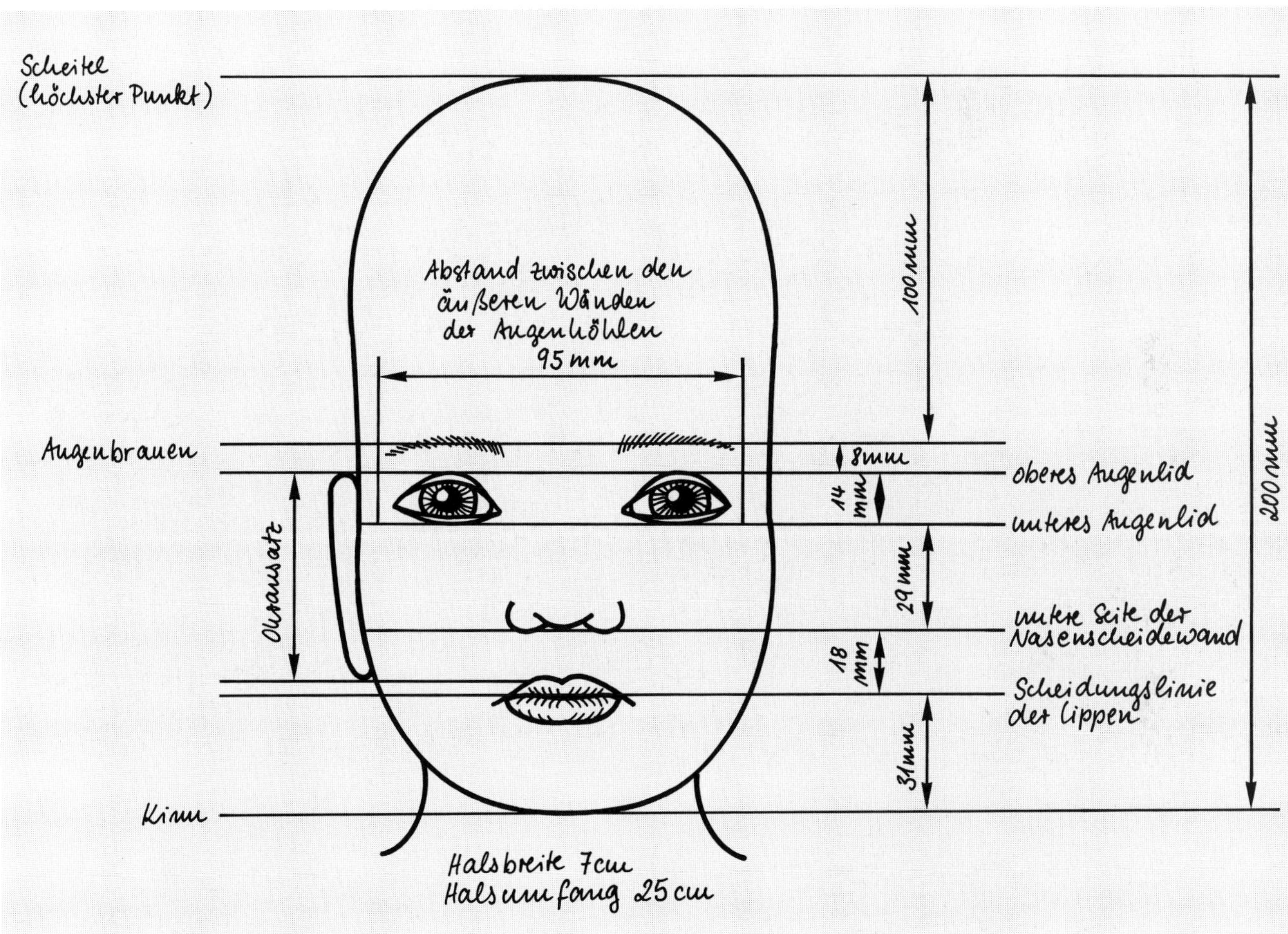

Breitester Teil der Wangen 108 mm

Breite der Augen incl. der Augenlider und Tränensäckchen 28 mm

Raum zwischen den Augen, gemessen ab der Tränensäcke 32 mm

Breite des Mundes incl. der Mundecken 30 mm

Breite der Nase incl. der Nasenflügel 39 mm

Abstand der Unterseite der Nasenscheidenwand und höchstem Punkt der Oberlippe 13 mm

Der Körper von vorn und hinten

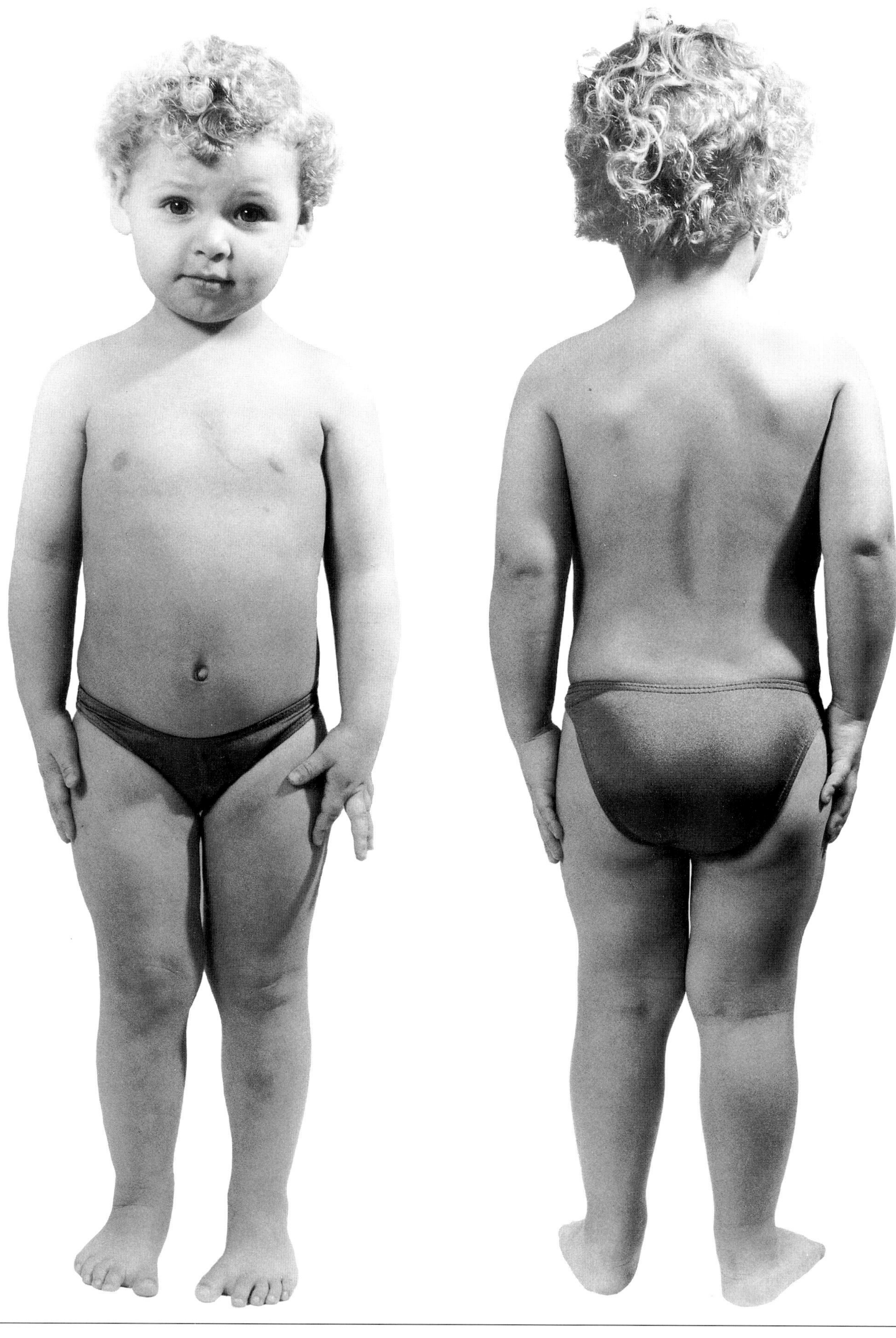

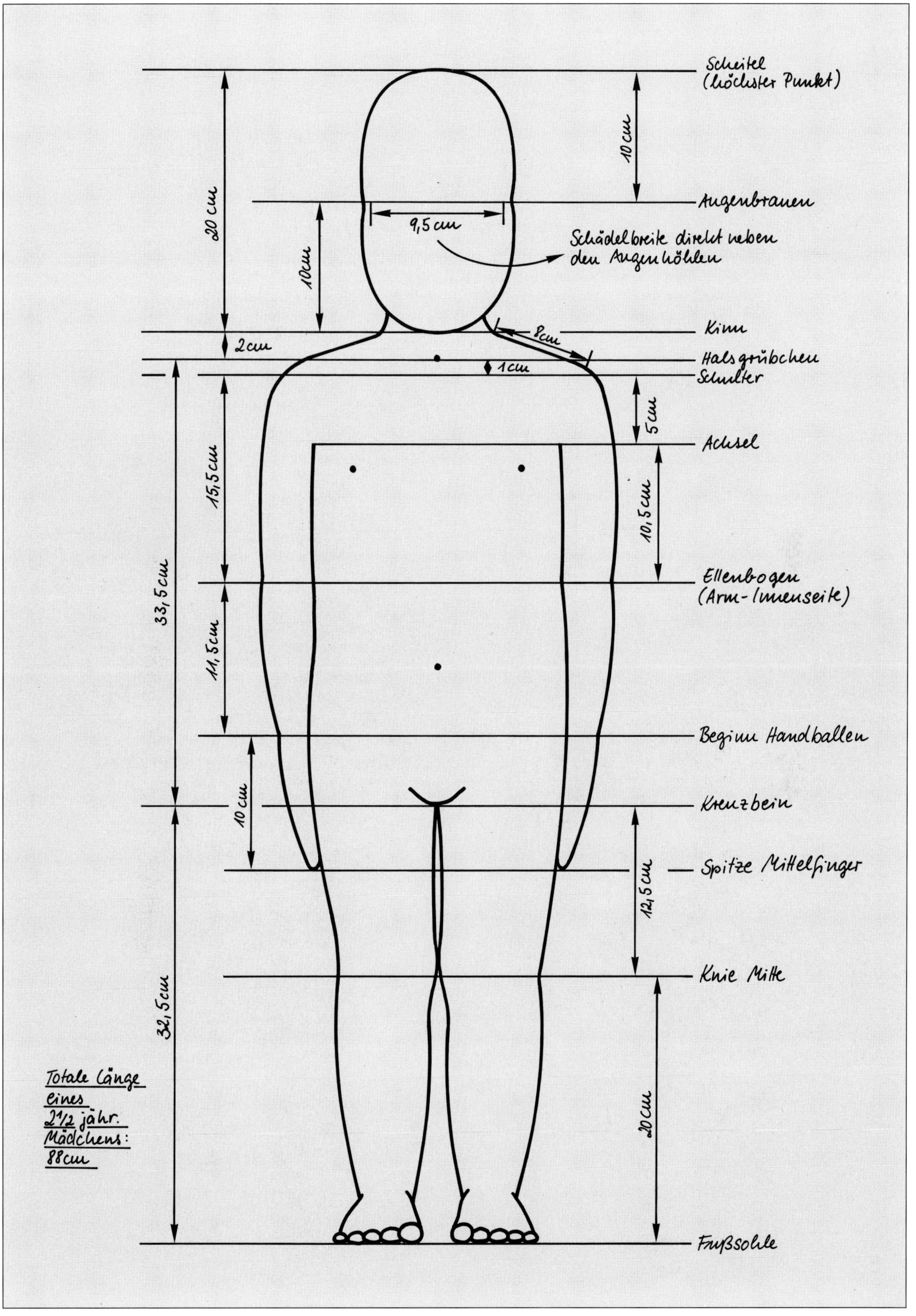
Scheitel (höchster Punkt)
Augenbrauen
Schädelbreite direkt neben den Augenhöhlen
Kinn
Halsgrübchen
Schulter
Achsel
Ellenbogen (Arm-Innenseite)
Beginn Handballen
Kreuzbein
Spitze Mittelfinger
Knie Mitte
Fußsohle
20 cm
10 cm
10cm
9,5 cm
2cm
8cm
1cm
5 cm
15,5 cm
10,5 cm
33,5 cm
11,5 cm
10 cm
12,5 cm
32,5 cm
20 cm
Totale Länge eines 2½ jähr. Mädchens: 88cm

Hände und Füße

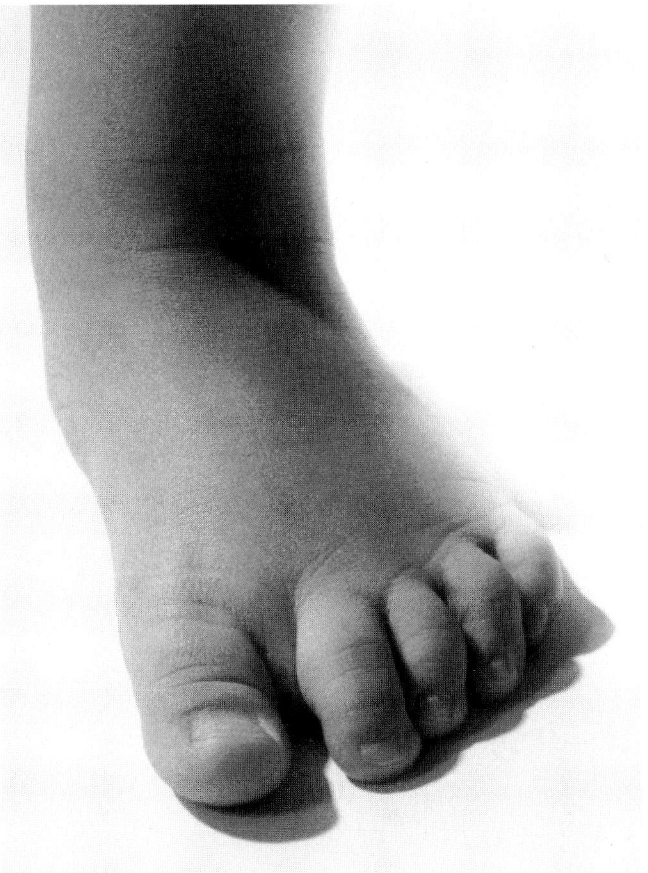

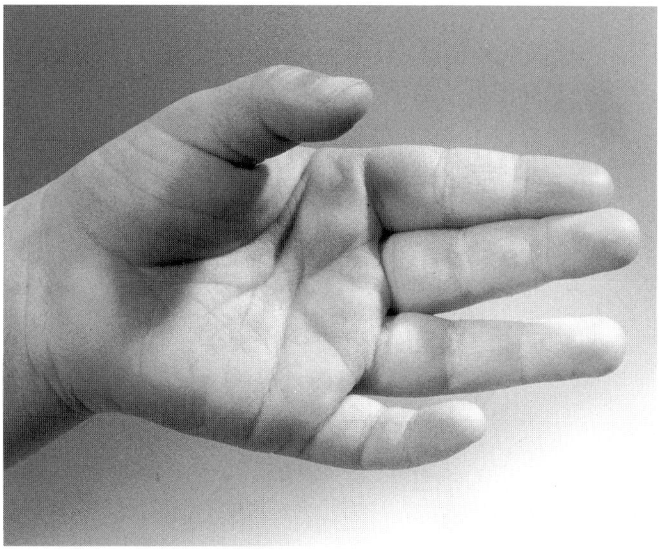

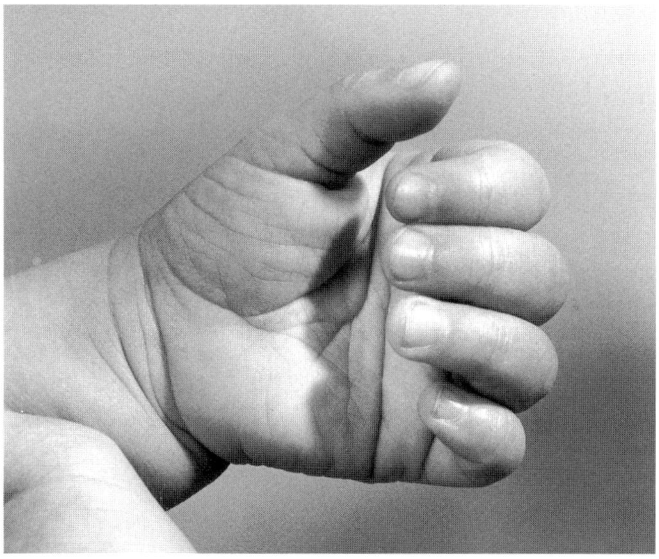

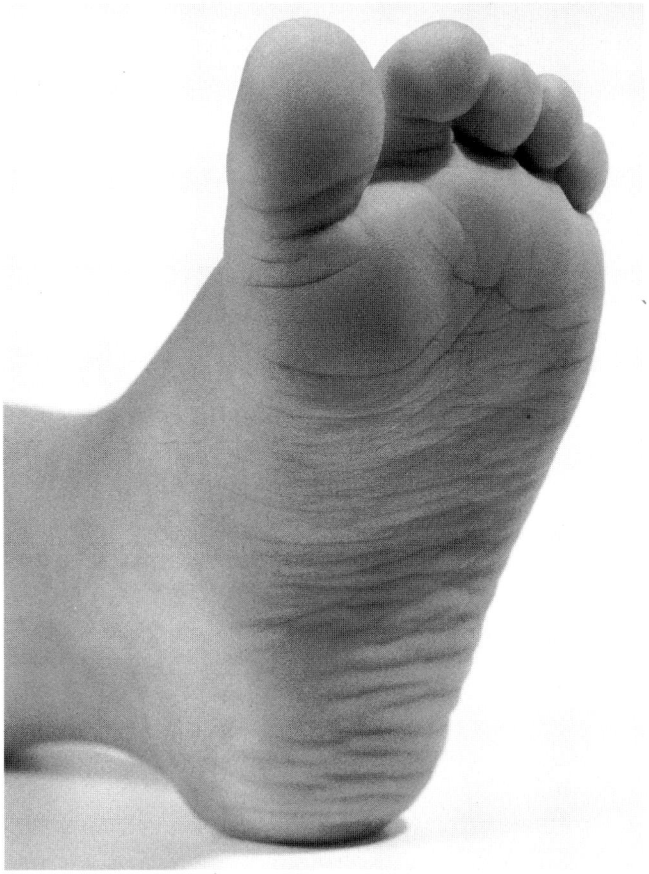

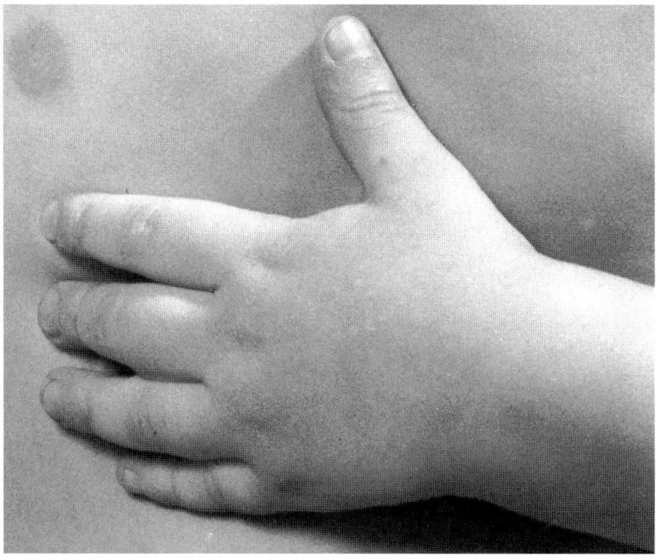

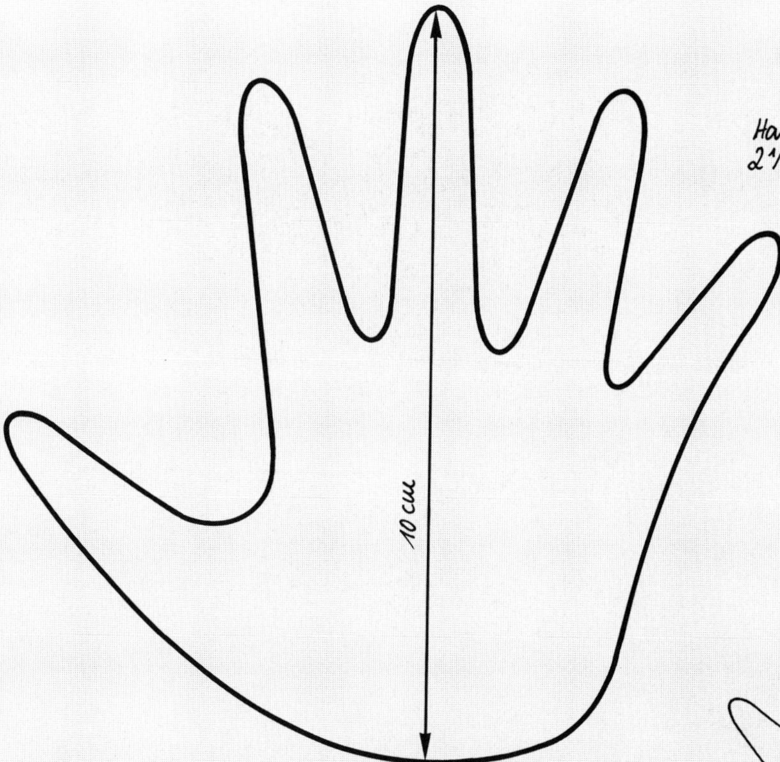

Handumfang eines
2 1/2 jähr. Mädchens
(reale Größe)

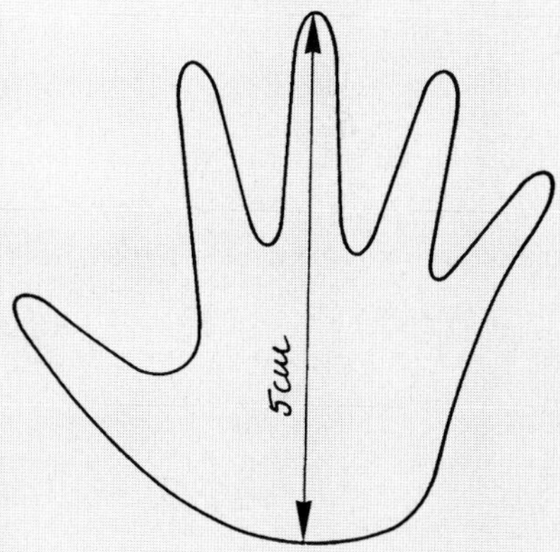

Handlänge eines
2 1/2 jähr. Mädchens
(halbe reale Größe)

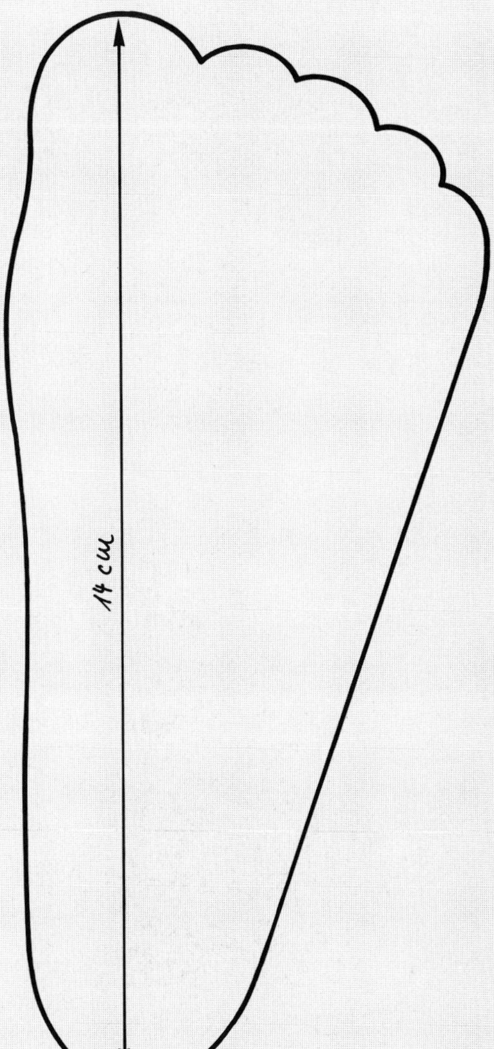

Fußumfang eines
2 1/2 jähr. Mädchens
(reale Größe)

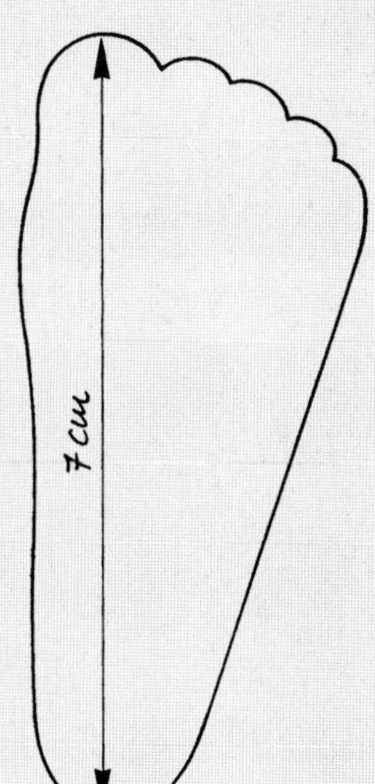

Fußlänge eines
2 1/2 jähr. Mädchens
(halbe reale Größe)

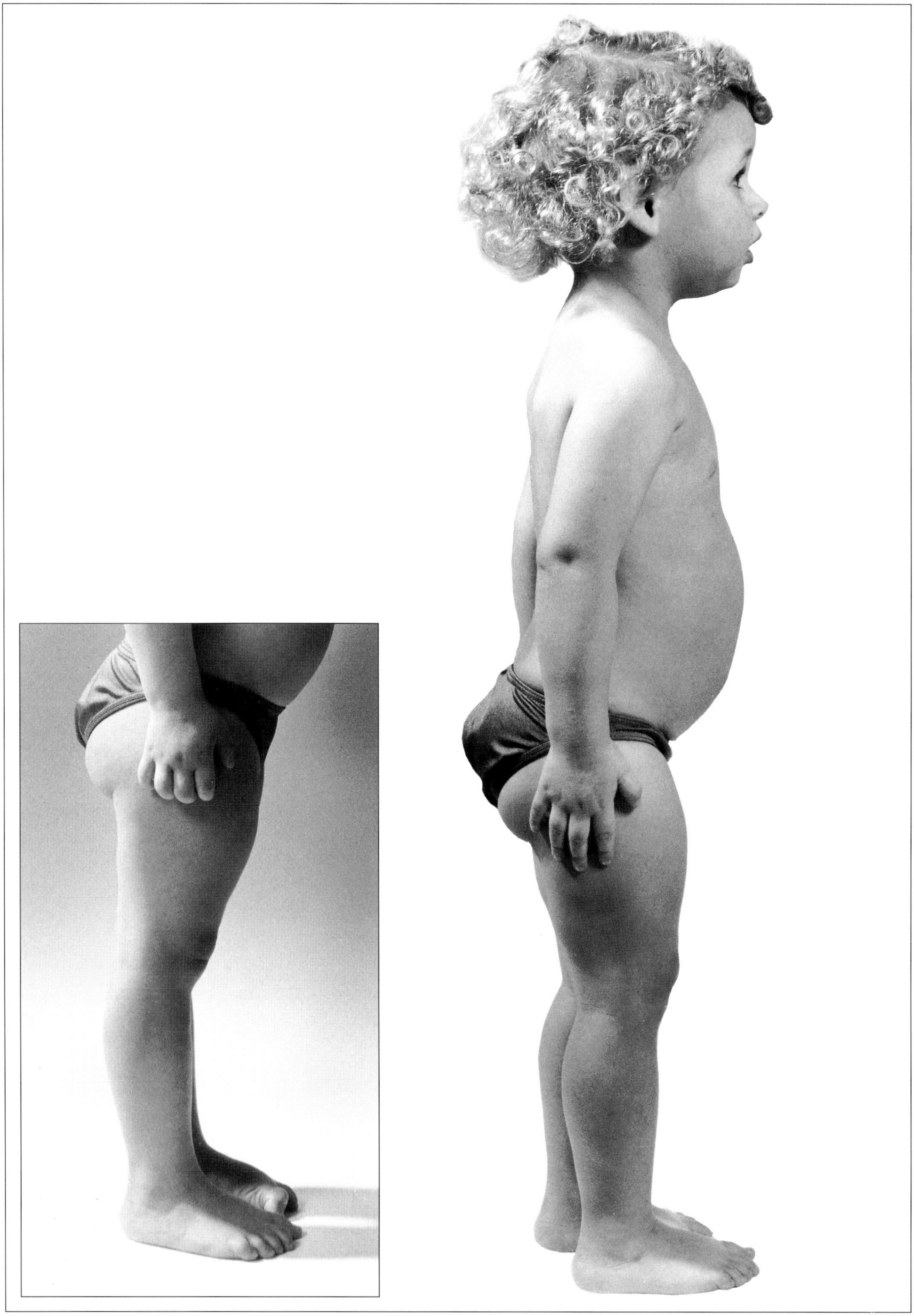

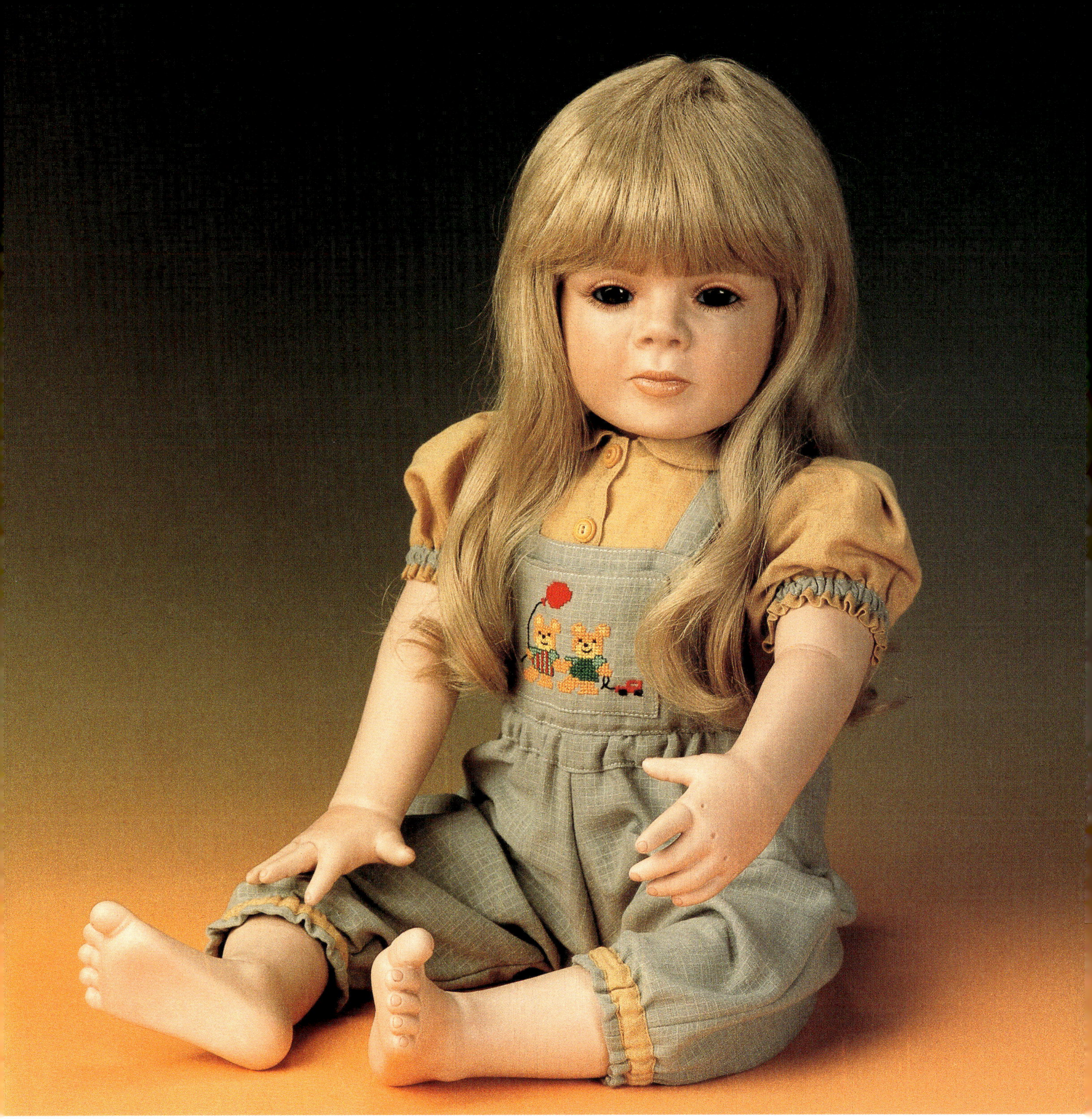

Whitley, seitlich fotografiert
und die ihren Maßen nachgebildete Portraitpuppe
„Nathalie“ (oben), Körperlänge 70 cm
Porzellan

Zeichnungen und Bildvorlagen
für eine Puppe,
die einem Kind im Alter von 4 Jahren entspricht:

Puppe „Linda“

Das dafür fotografierte Kind heißt Ashley,
4 Jahre alt

Im allgemeinen haben wir bei 4jährigen folgende Richtlinien zu beachten: die totale Körpergröße ist 5 × die Kopflänge, der Abstand Scheitel-Kreuz ist 3 × die Kopflänge, der Abstand Kreuz-Fußsohle ist 2 × die Kopflänge.
Ashley zeigt hier, daß kleine Unterschiede vorkommen können:
- Sie ist 0,5 cm kleiner als 5 × die Kopflänge.
- Der Abstand Scheitel-Kreuz beträgt 62,5 cm; das ist 1 cm mehr als 3 × die Kopflänge.
- Der Abstand Kreuz-Fußsohle beträgt 39,5 cm; das ist 1,5 cm weniger als 2 × die Kopflänge.

Um vorzubeugen, daß die Zeichnung mit den verschiedenen Maßen unübersichtlich wird, sind hier unten noch einige Maße angegeben:

- Umfang der Brust, direkt unter der Achsel = 52 cm
- Umfang der Taille = 49 cm
- Umfang der Hüften = 52 cm
- Umfang höchstes Teil der Oberschenkel (Schritt) = 32 cm
- Umfang Mitte des Oberschenkels = 28 cm
- Umfang Knie = 23 cm
- Umfang Mitte des Unterschenkels = 21,5 cm
- Umfang der Fessel = 16,5 cm
- Umfang höchster Teil des Oberarmes bei der Achsel = 18 cm
- Umfang Mitte des Oberarmes = 17 cm
- Umfang des Ellbogens = 16 cm
- Umfang Mitte des Unterarmes = 15 cm
- Umfang des Handgelenkes = 13,5 cm
- Abstand zwischen beiden Schultern (Schulterbreite) = 23,5 cm

Das Gesicht

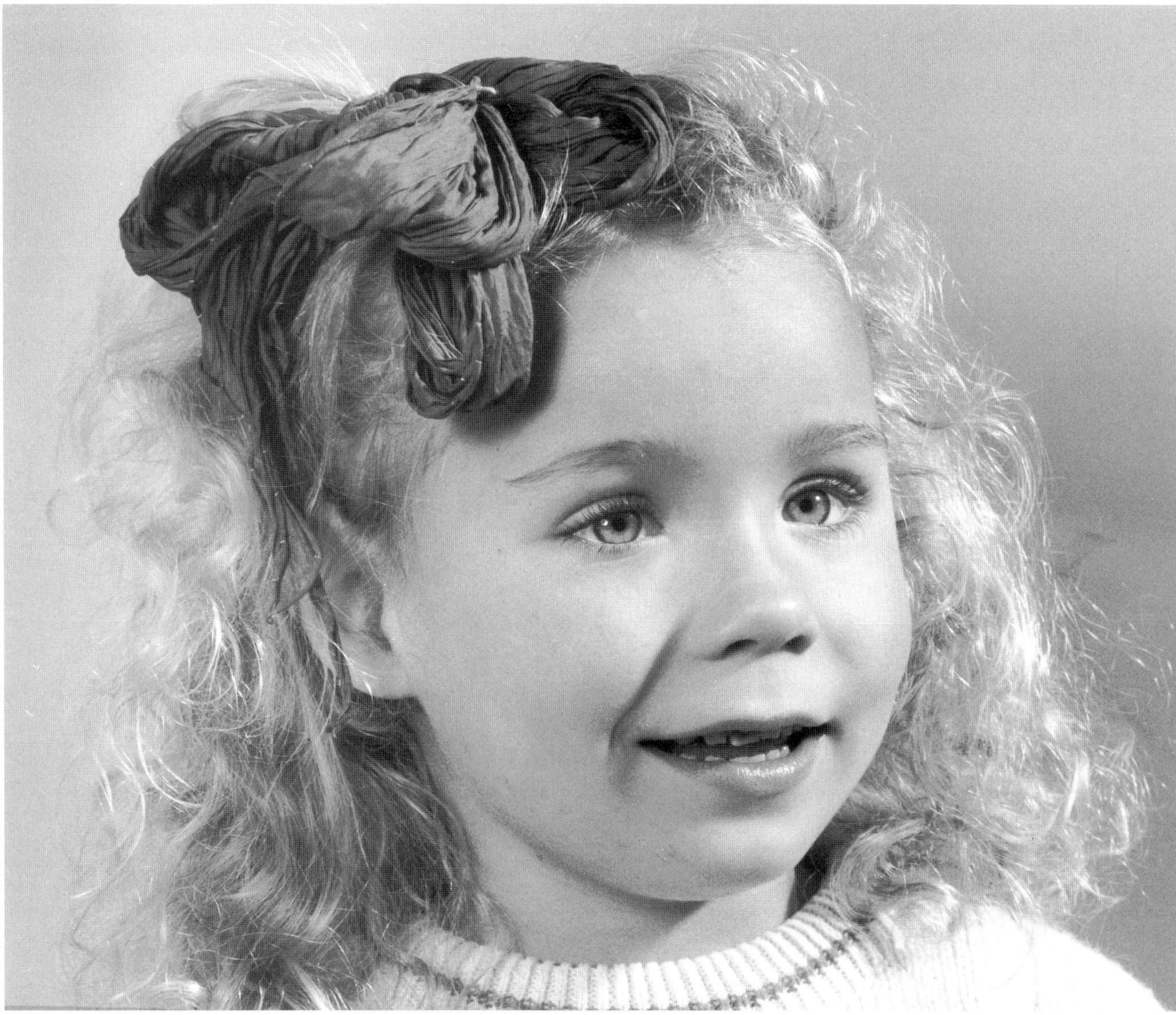

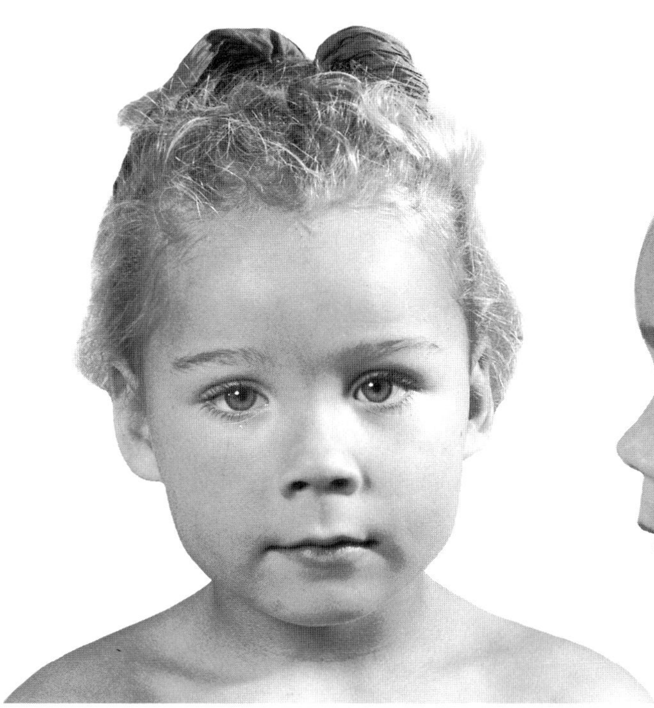

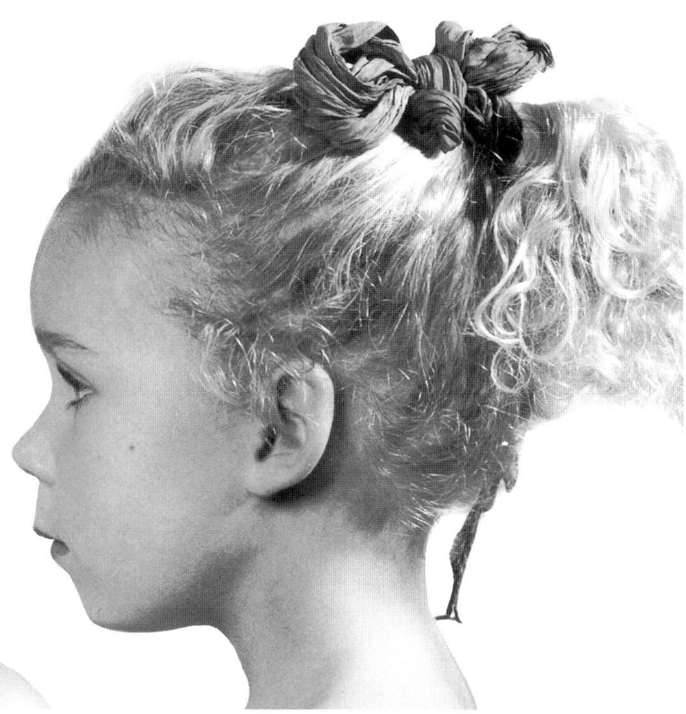

Gesicht eines 4jährigen Mädchens

Breite Stirn-Hinterkopf 18,5 cm
Umfang über Vor- und Hinterkopf = 52 cm
Umfang über Kinn und über Scheitel = 54 cm

Der totale Abstand Scheitel-Kinn weicht um 1 mm vom realen Maß des Kindes (205 mm) ab; daher die abgerundeten Zahlen (abgerundet auf ganze mm)

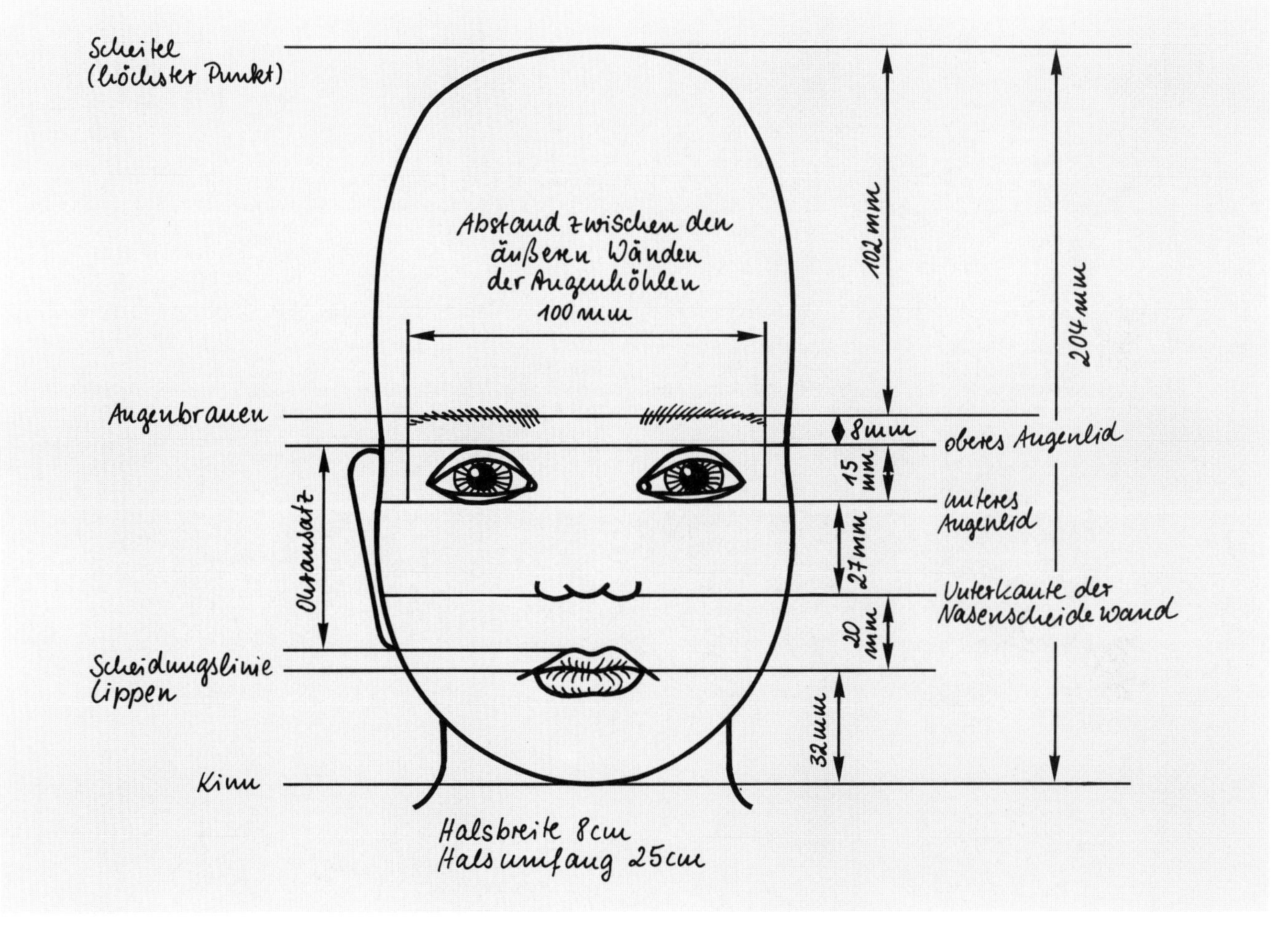

Breitester Teil der Wangen 116 mm
Breite der Augen incl. der Augenlider und Tränensäckchen 30 mm
Raum zwischen den Augen, gemessen ab Tränensäckchen 28 mm
Breite der Nase incl. der Nasenflügel 30 mm
Breite des Mundes incl. der Mundecken 40 mm
Abstand der Unterseite der Nasenscheidenwand und höchstem Punkt der Oberlippe 15 mm

Der Körper von vorn und hinten

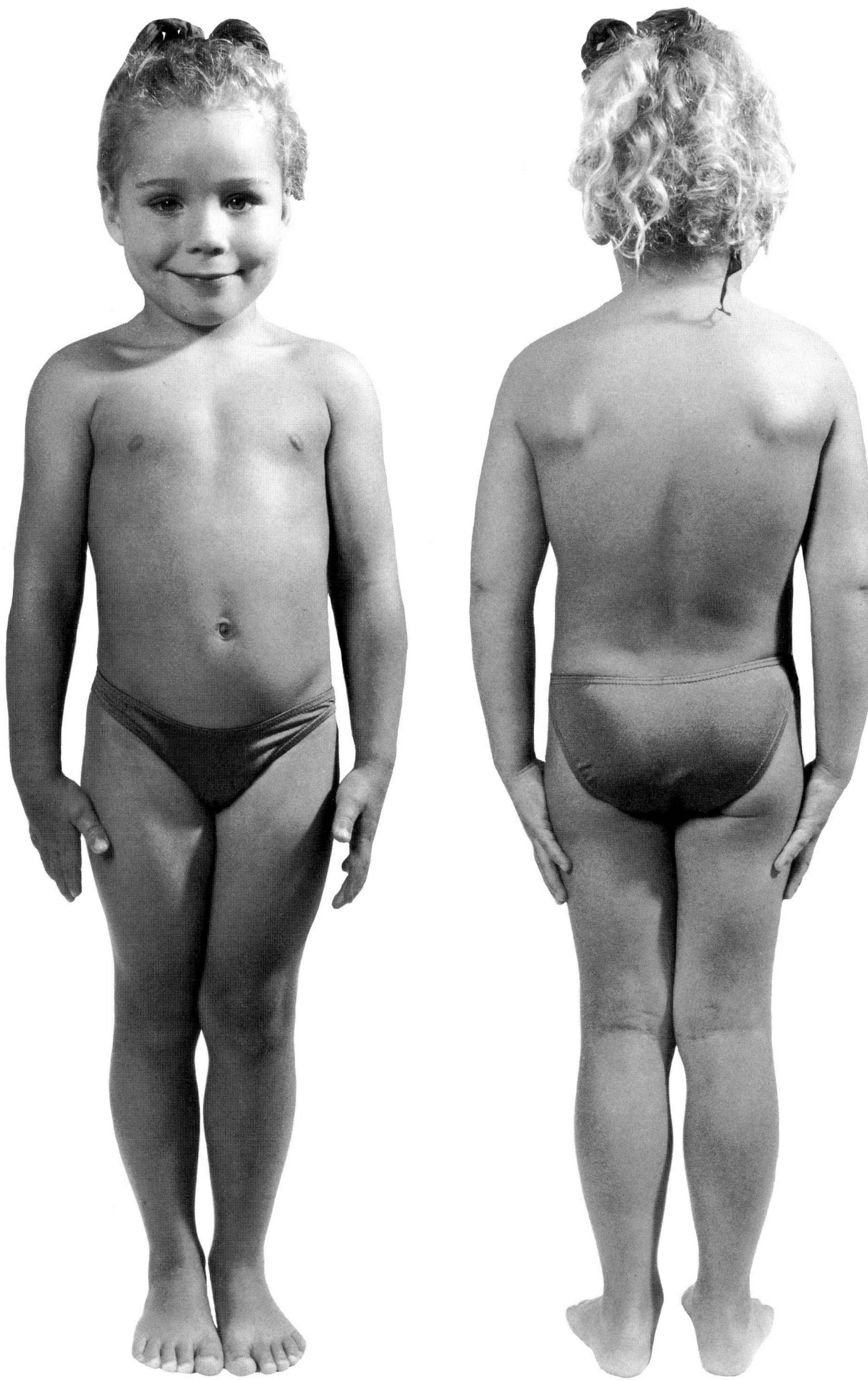

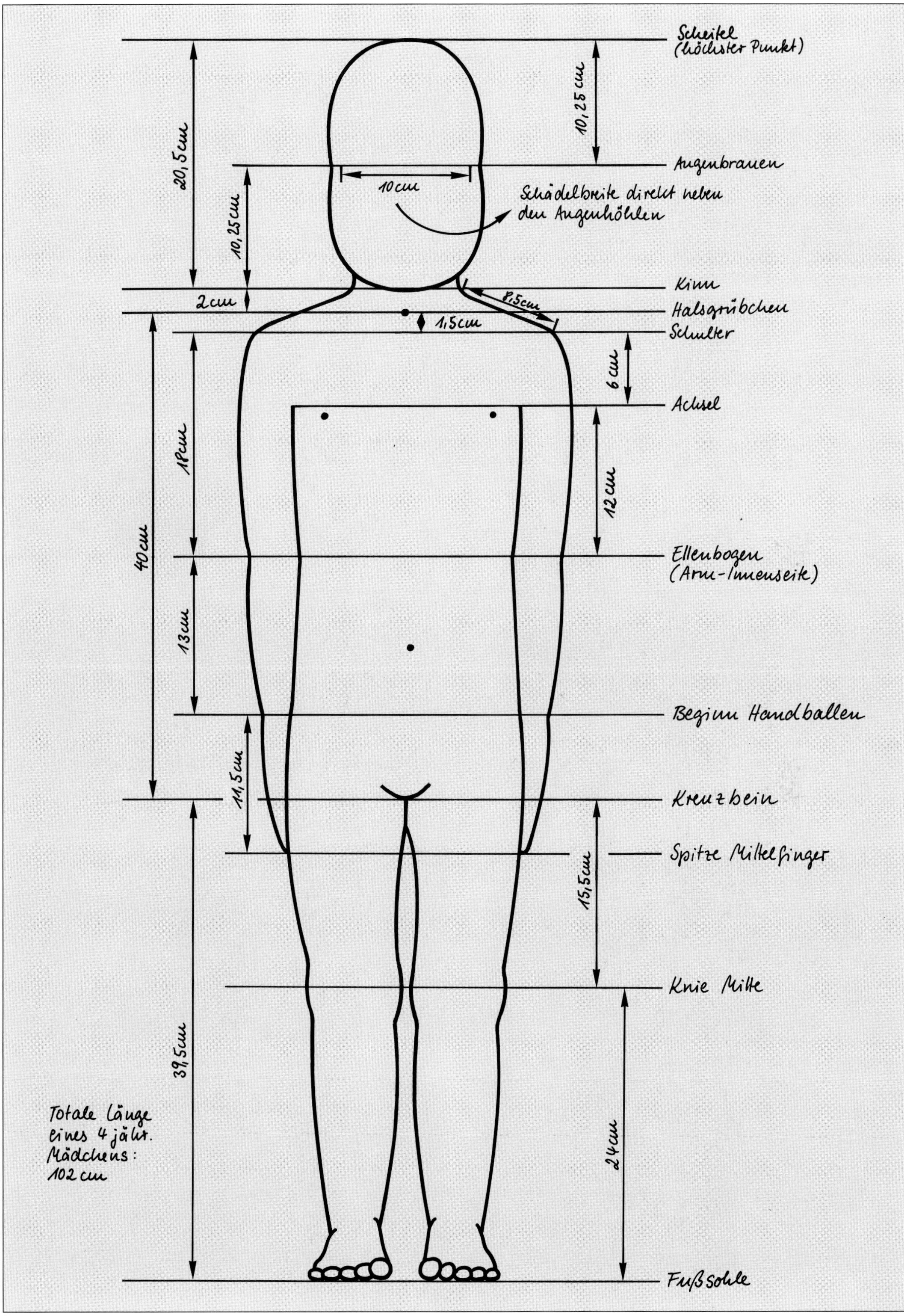
Scheitel (höchster Punkt)
10,25 cm
20,5 cm
Augenbrauen
10 cm
Schädelbreite direkt neben den Augenhöhlen
10,25 cm
Kinn
2 cm
8,5 cm
Halsgrübchen
1,5 cm
Schulter
6 cm
Achsel
18 cm
12 cm
40 cm
Ellenbogen (Arm-Innenseite)
13 cm
Beginn Handballen
11,5 cm
Kreuzbein
Spitze Mittelfinger
15,5 cm
Knie Mitte
39,5 cm
24 cm
Totale Länge eines 4 jähr. Mädchens: 102 cm
Fußsohle

Hände und Füße

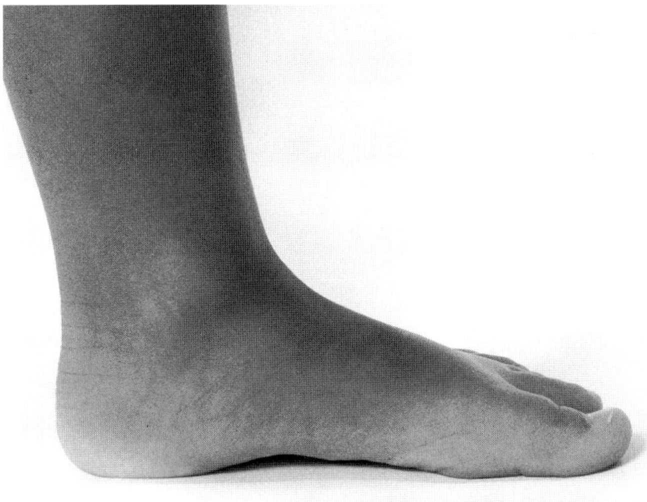

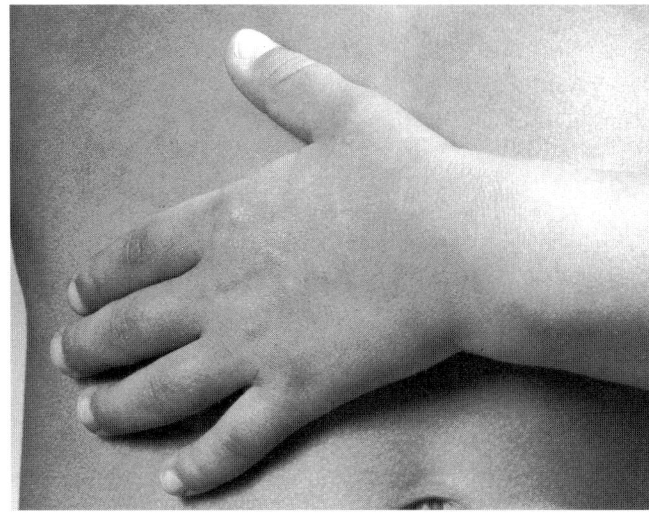

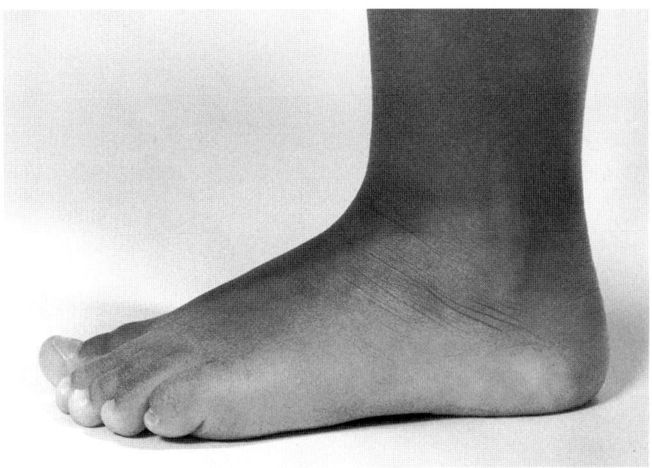

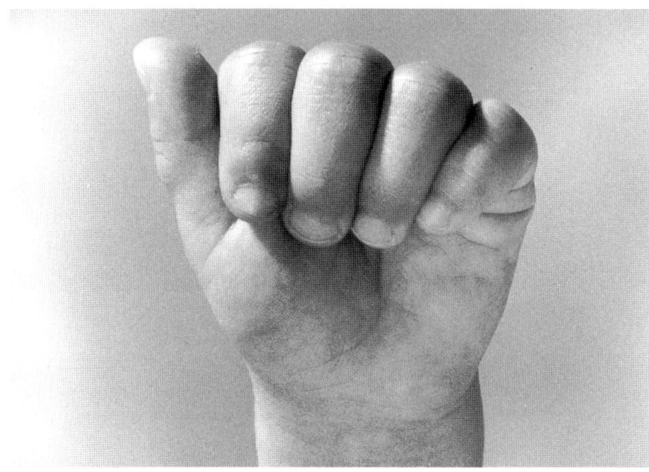

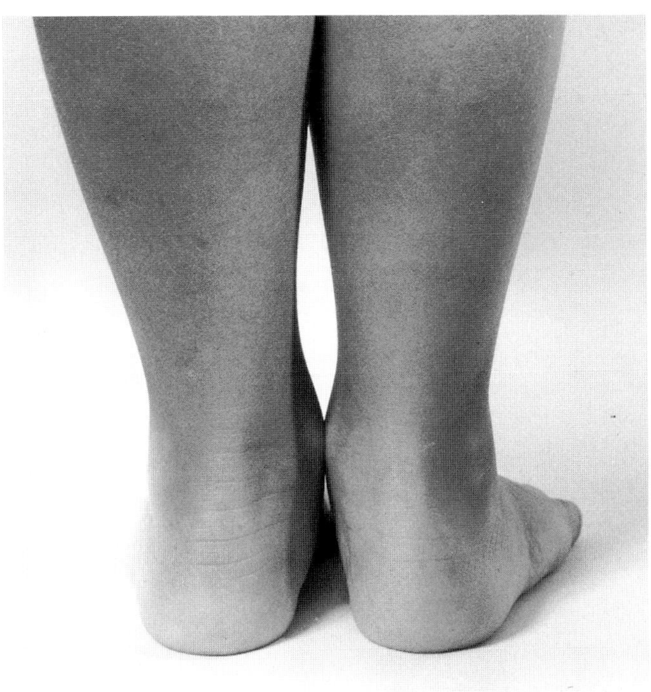

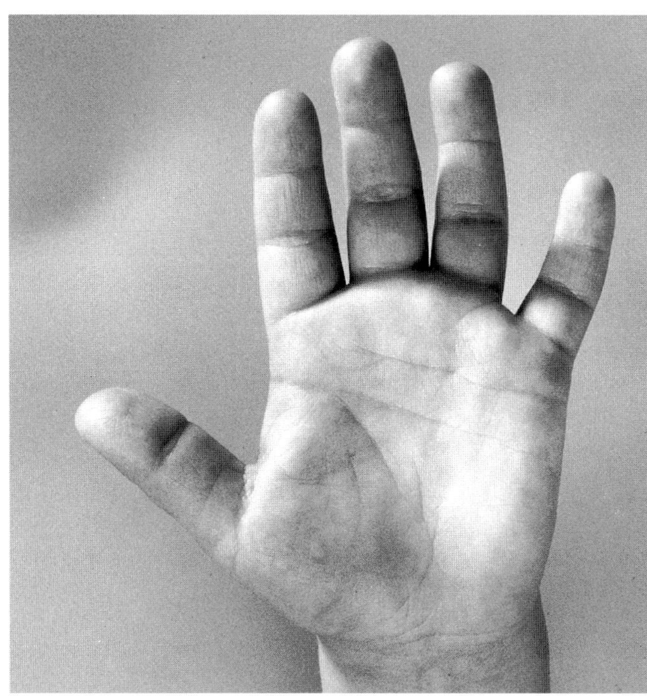

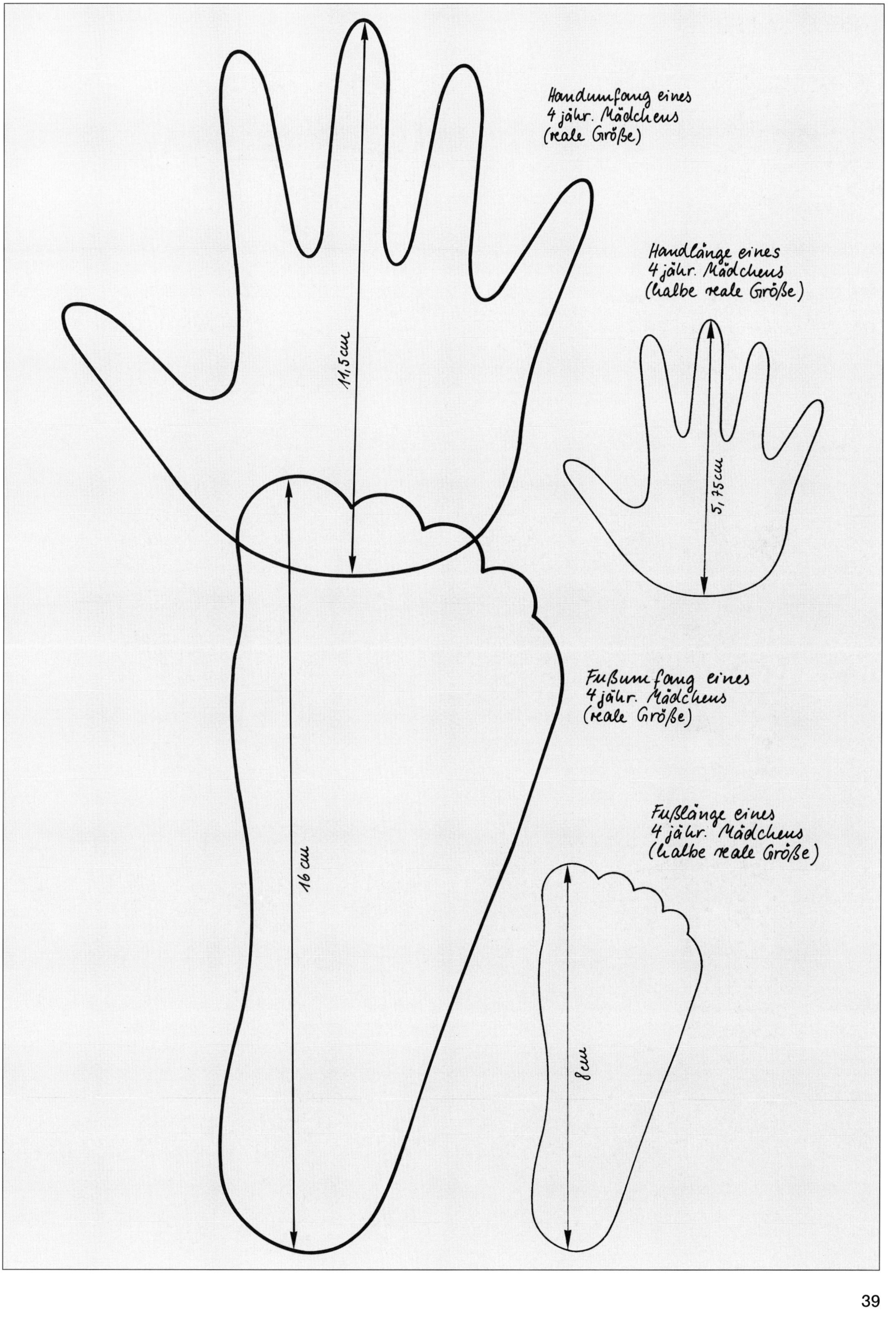
Handumfang eines
4jähr. Mädchens
(reale Größe)
11,5cm
Handlänge eines
4jähr. Mädchens
(halbe reale Größe)
5,75cm
Fußumfang eines
4jähr. Mädchens
(reale Größe)
16cm
Fußlänge eines
4jähr. Mädchens
(halbe reale Größe)
8cm

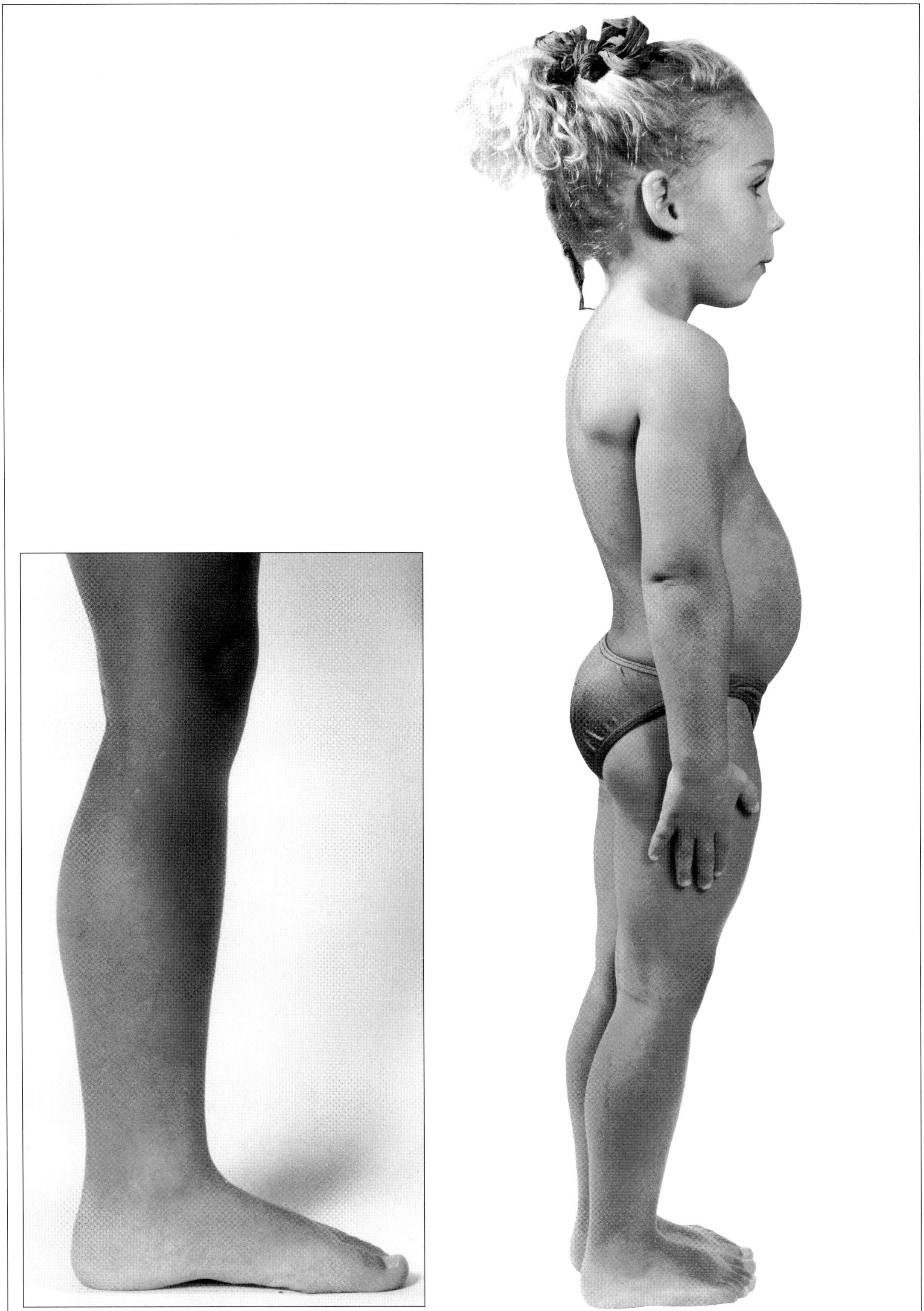

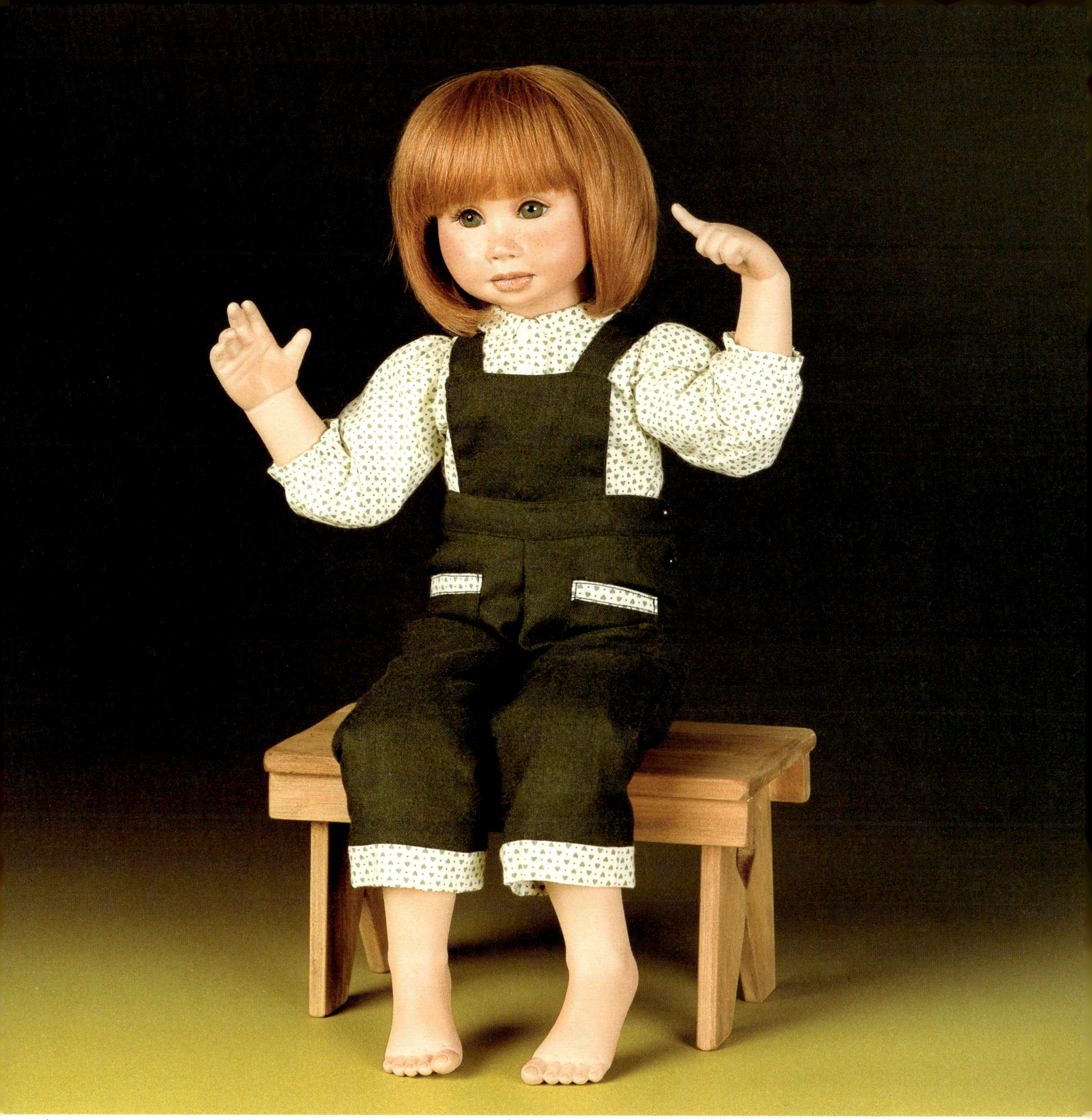

Ashley, seitlich fotografiert
und die ihren Maßen nachgebildete Puppe
„Linda“ (oben), Körperlänge 60 cm
(Porzellan)

Zeichnungen und Bildvorlagen für eine Puppe, die einem Kind im Alter von 6 Jahren entspricht:

Puppe „Marijke“

Das dafür fotografierte Kind heißt Nathalie,
6 Jahre alt

Die ganze Körperlänge eines 6 jähr. Kindes beträgt ca. 5,5 × die Kopflänge.
Bei einem 4jährigen Kind ist die Gesamtlänge ca. 5 × die Kopflänge und bei einem 8jährigen Kind ca. 6 × die Kopflänge; bei einem 6jährigen Kind liegen die Maße ungefähr dazwischen.
Nathalie ist 2,25 cm kleiner als 5,5 × die Kopflänge.

Um vorzubeugen, daß die Zeichnung mit den verschiedenen Maßen unübersichtlich wird, sind hier unten noch einige Maße angegeben:

- Umfang der Brust, direkt unter der Achsel = 55 cm
- Umfang der Taille = 53 cm
- Umfang der Hüften = 56 cm
- Umfang höchstes Teil der Oberschenkel (Schritt) = 37 cm
- Umfang Mitte des Oberschenkels = 32 cm
- Umfang Knie = 25 cm
- Umfang Mitte des Unterschenkels = 23 cm
- Umfang der Fessel = 17 cm
- Umfang höchster Teil des Oberarmes bei der Achsel = 19 cm
- Umfang Mitte des Oberarmes = 18,5 cm
- Umfang des Ellbogens = 17,5 cm
- Umfang Mitte des Unterarmes = 16 cm
- Umfang des Handgelenkes = 13,5 cm
- Abstand zwischen beiden Schultern (Schulterbreite) = 26,5 cm

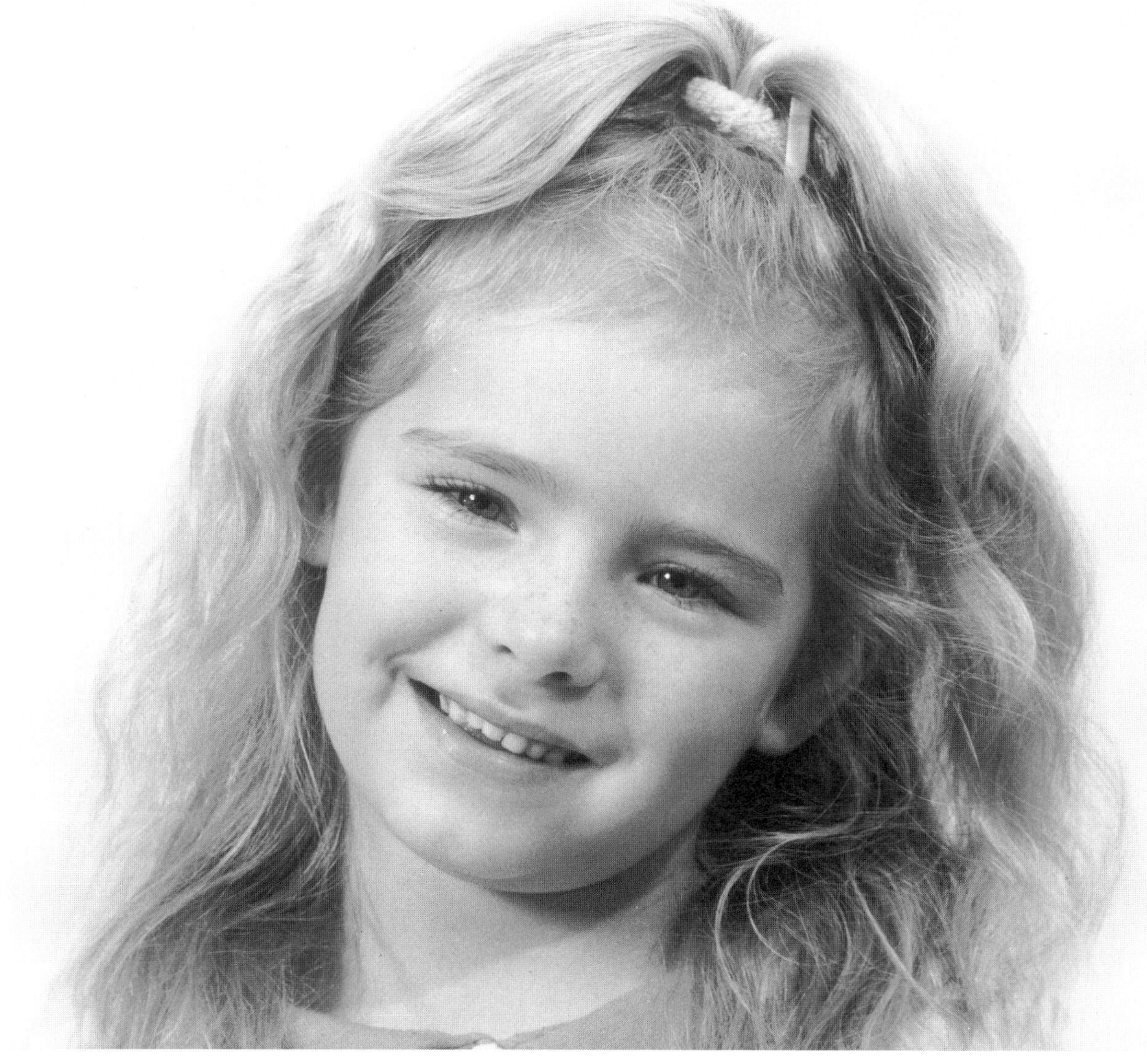

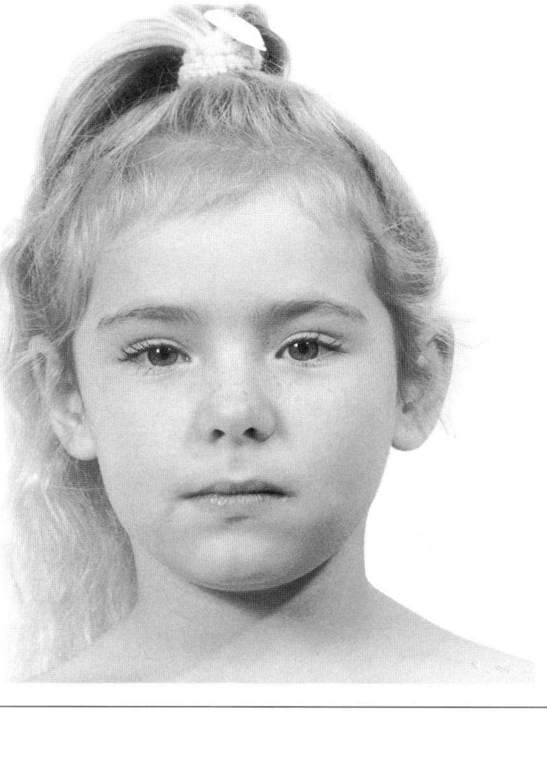

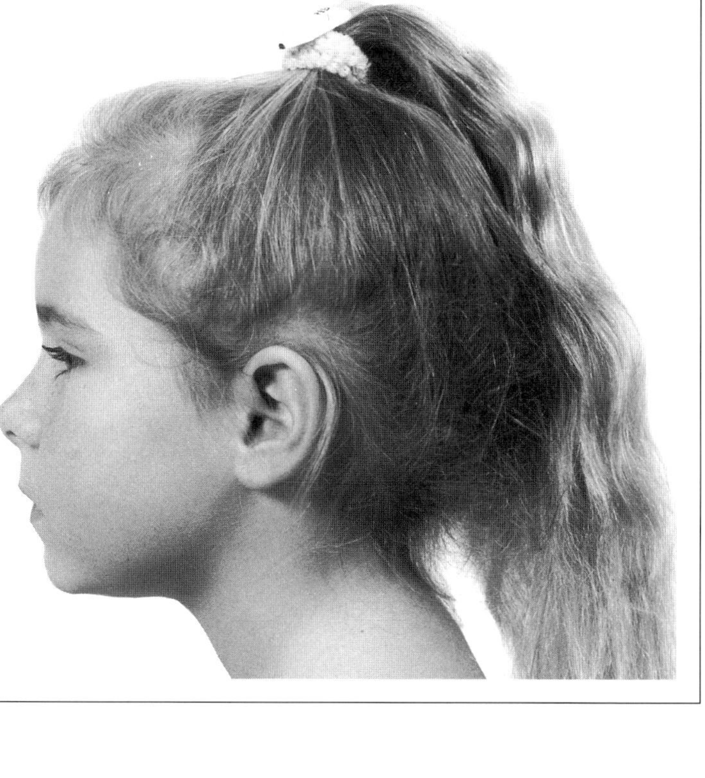

Gesicht eines 6jährigen Mädchens

Breite Stirn-Hinterkopf 18,5 cm

Umfang über Vor- und Hinterkopf = 52 cm

Umfang über Kinn und Scheitel = 55,5 cm

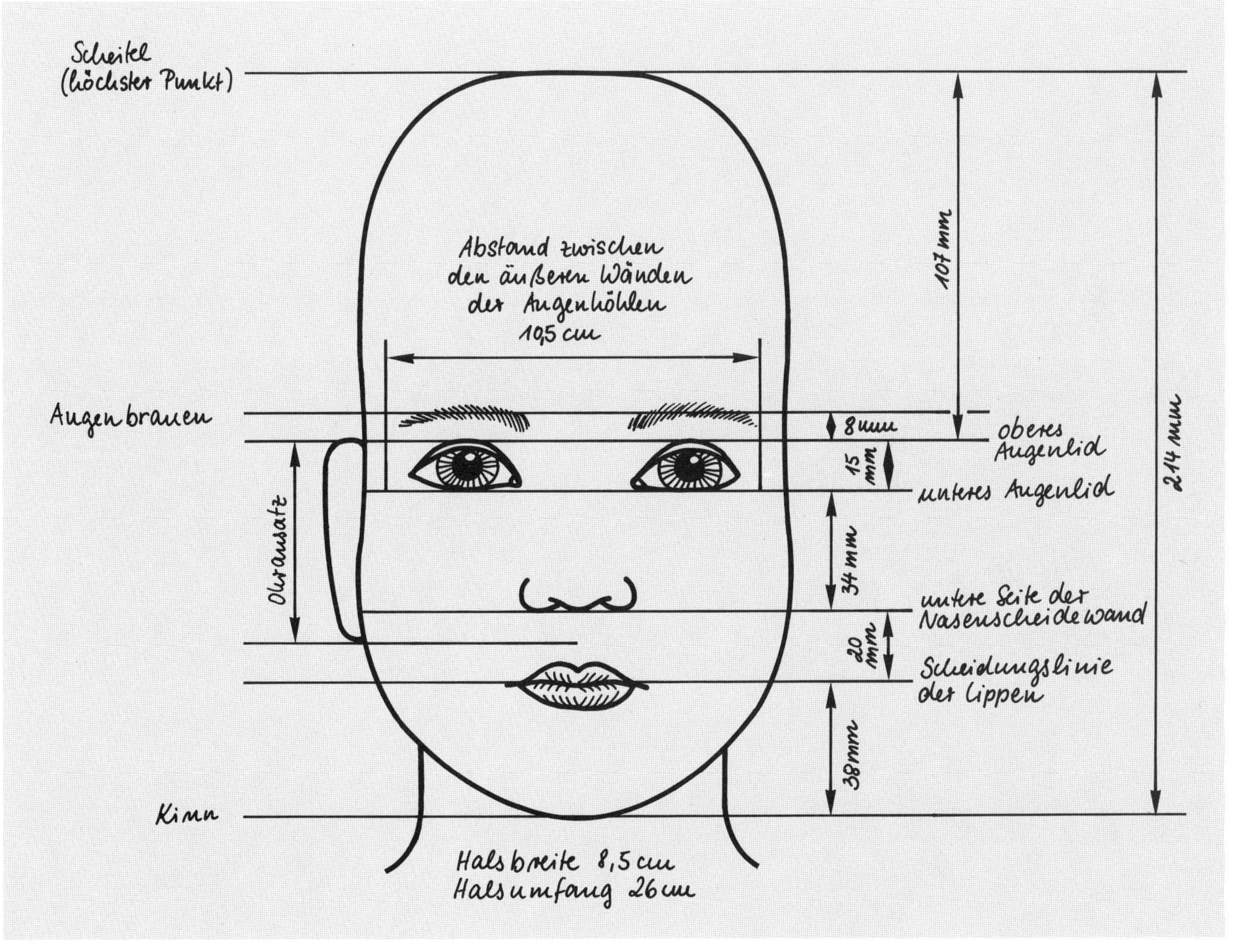

Breitester Teil der Wangen 120 mm

Breite der Augen incl. der Augenlider und Tränensäckchen 31 mm

Raum zwischen den Augen, gemessen ab der Tränensäcke 30 mm

Breite der Nase incl. der Nasenflügel 33 mm

Breite des Mundes incl. der Mundecken 40 mm

Abstand der Unterseite der Nasenscheidenwand mit höchstem Punkt der Oberlippe 16 mm

Der Körper von vorn und hinten

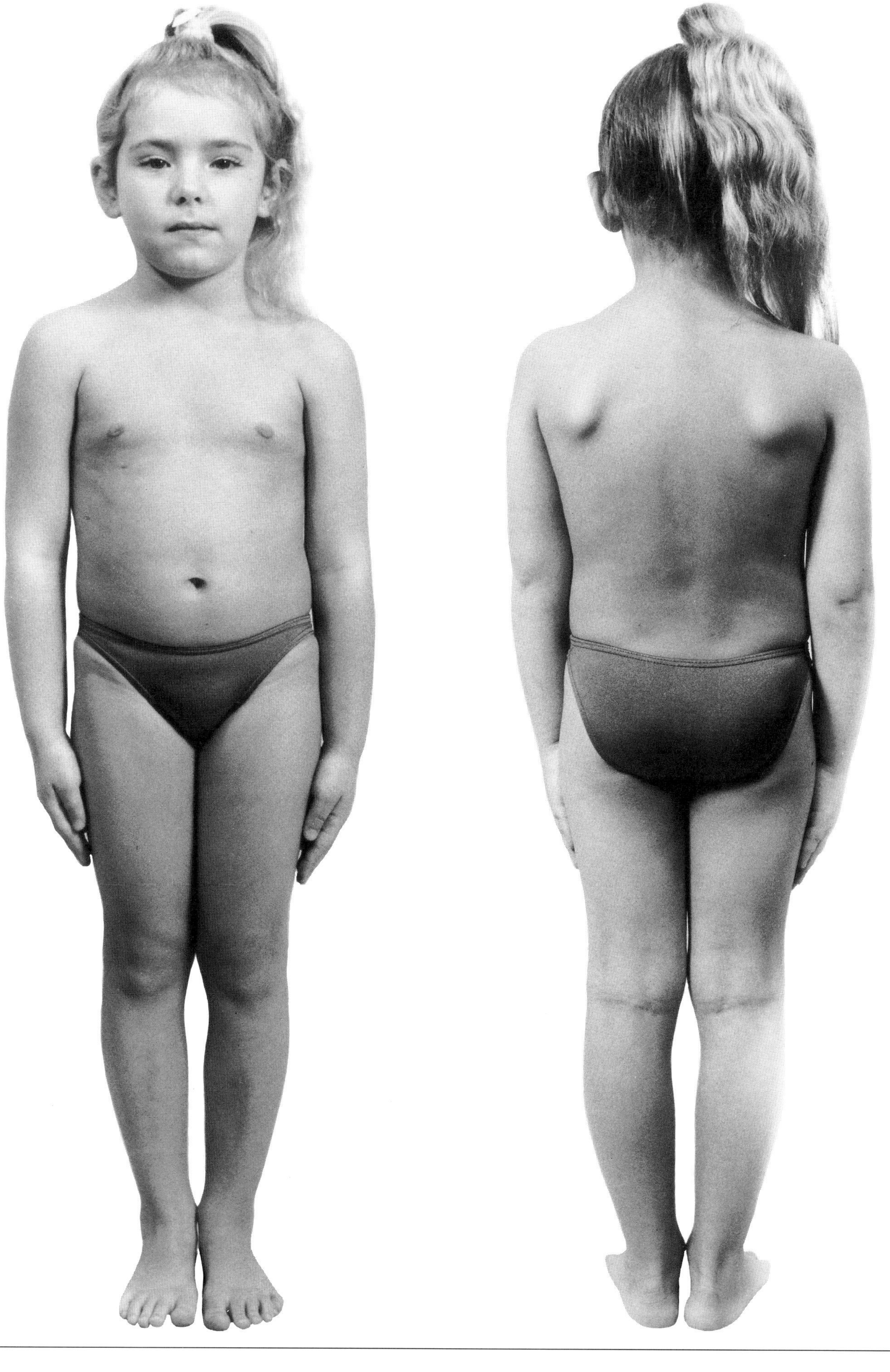

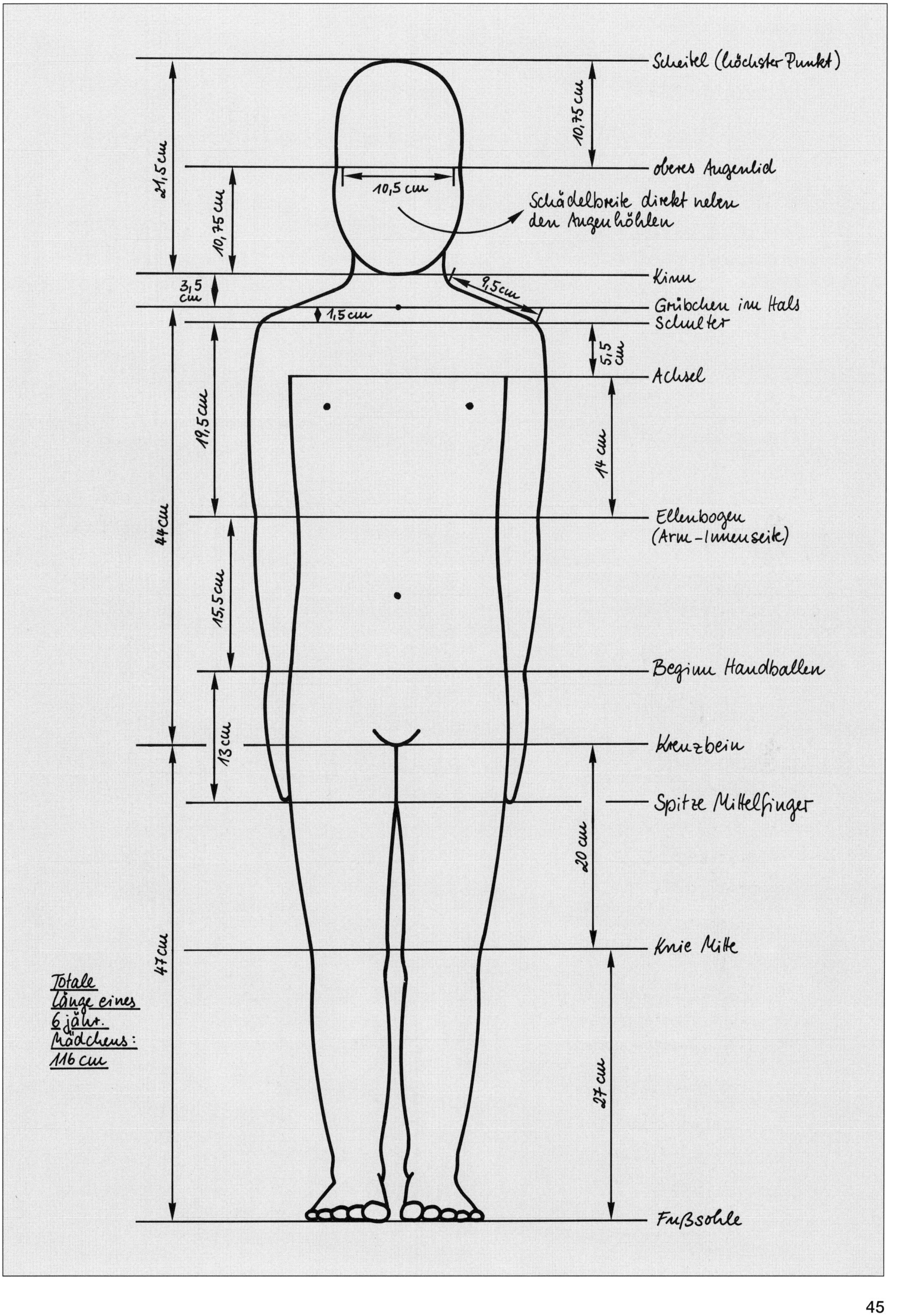

Scheitel (höchster Punkt)
10,75 cm
21,5 cm
oberes Augenlid
10,5 cm
10,75 cm
Schädelbreite direkt neben den Augenhöhlen
Kinn
3,5 cm
9,5 cm
Grübchen im Hals
1,5 cm
Schulter
5,5 cm
Achsel
19,5 cm
14 cm
44 cm
Ellenbogen (Arm-Innenseite)
15,5 cm
Beginn Handballen
13 cm
Kreuzbein
Spitze Mittelfinger
20 cm
Knie Mitte
47 cm
Totale Länge eines 6 jähr. Mädchens: 116 cm
27 cm
Fußsohle

Hände und Füße

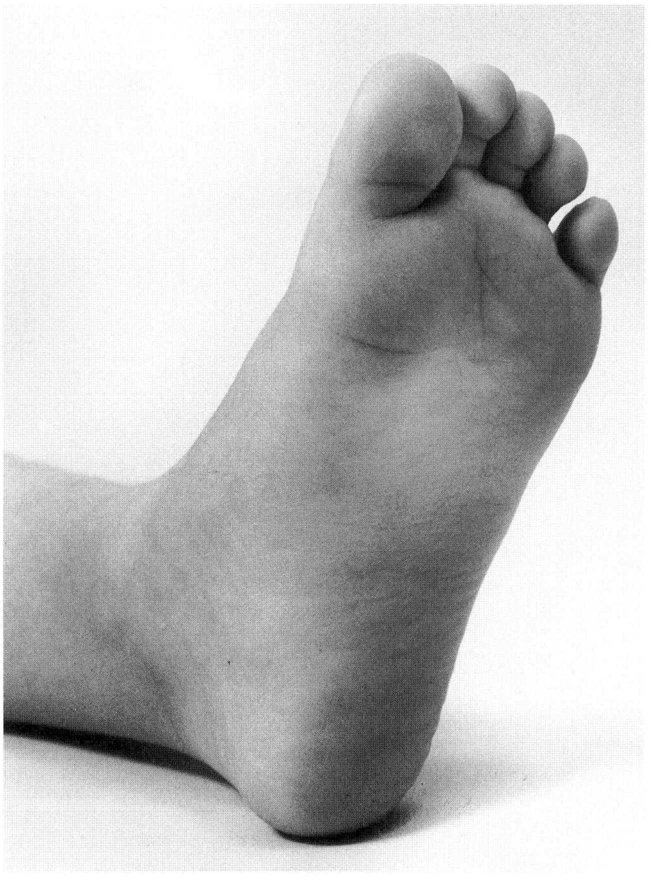

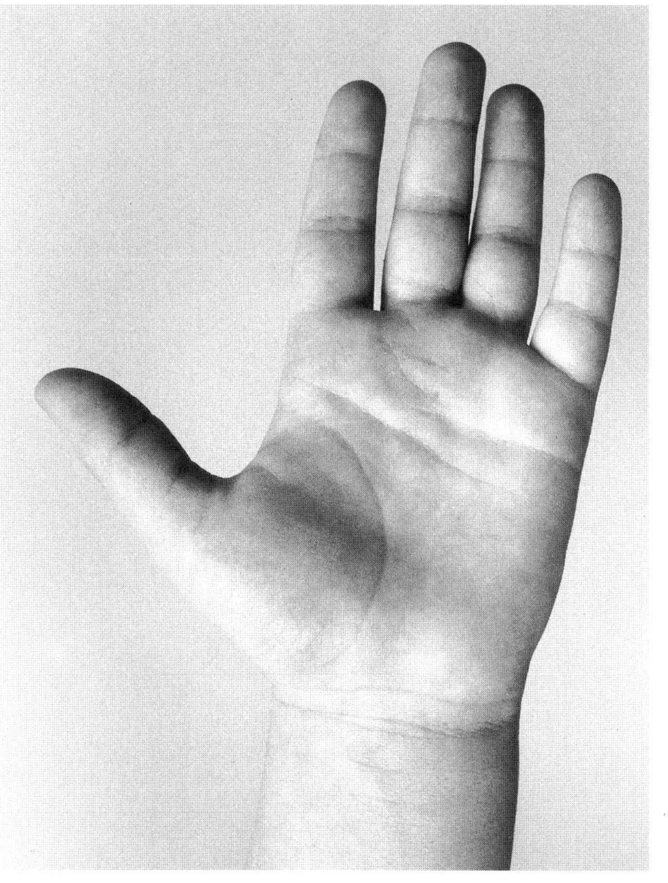

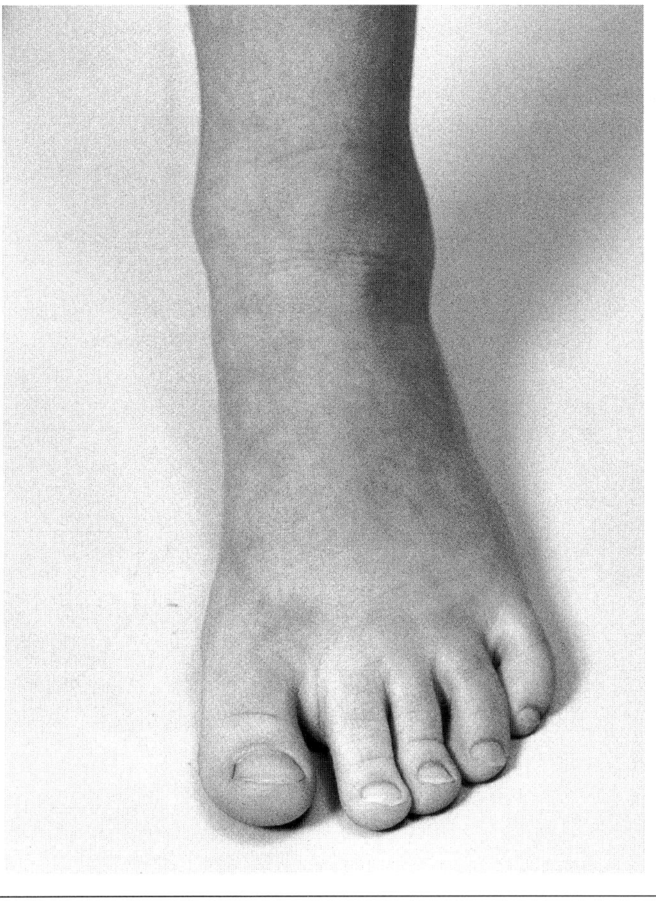

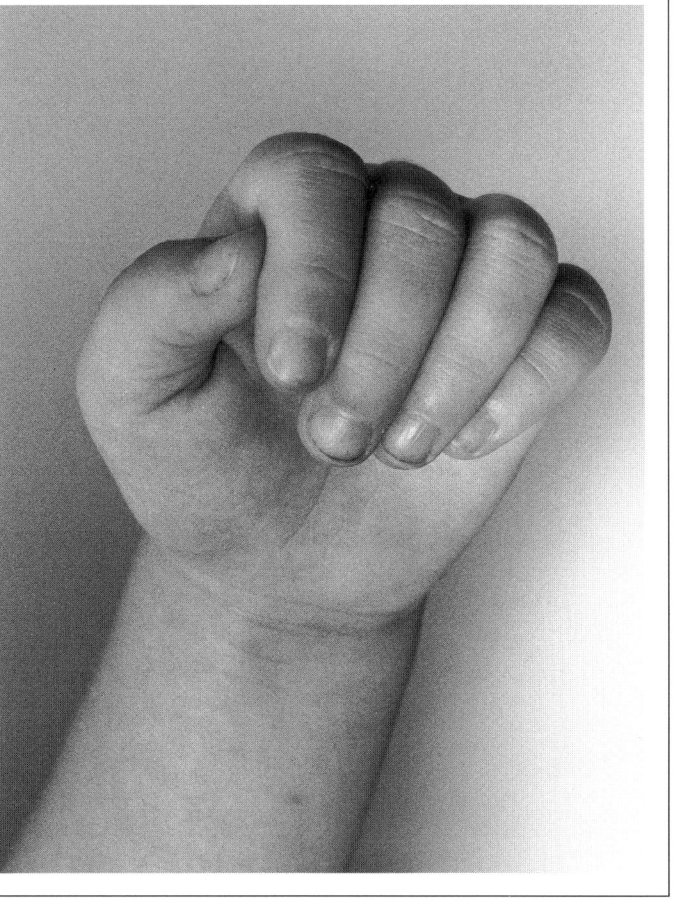

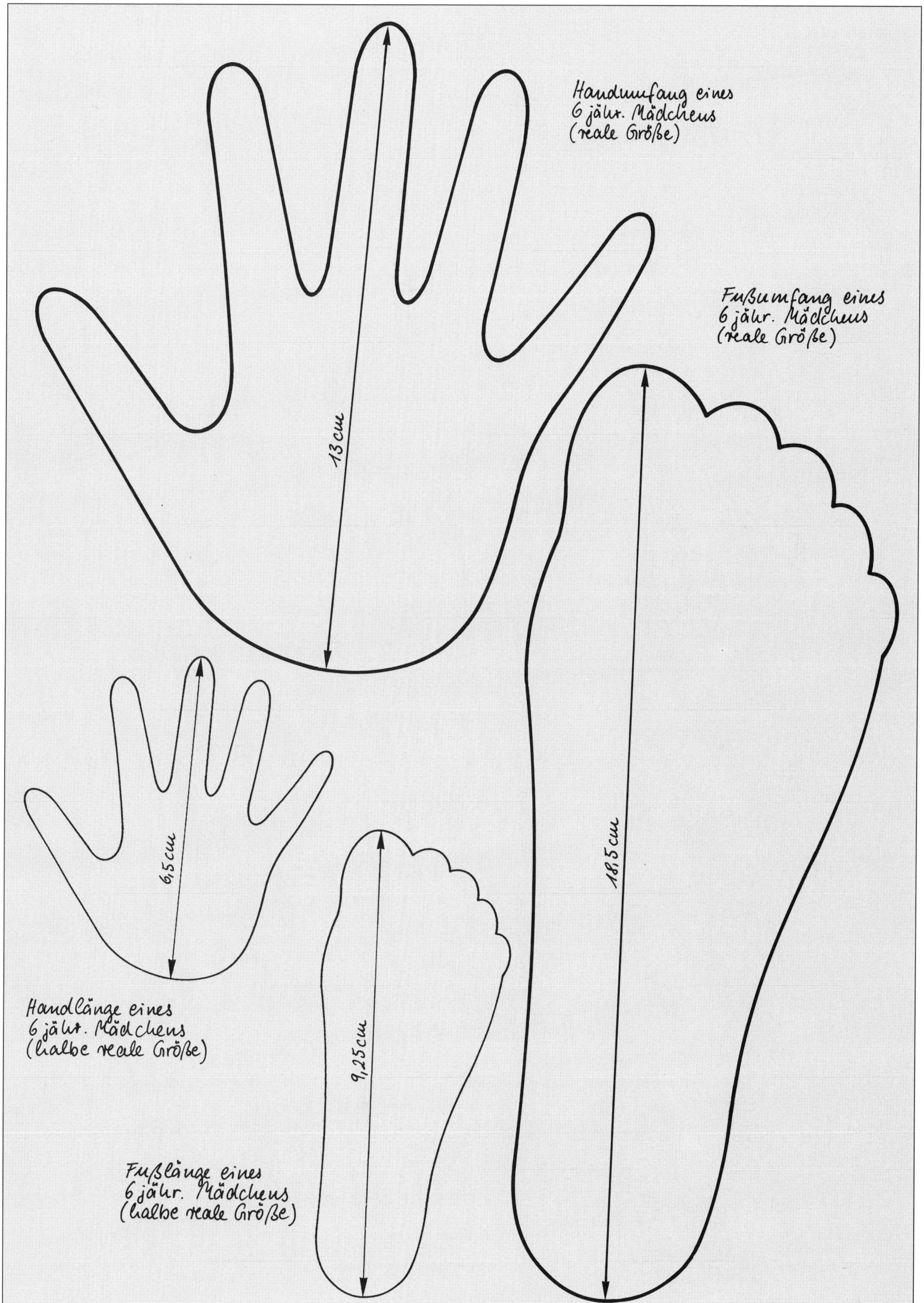
Handumfang eines
6 jähr. Mädchens
(reale Größe)
13 cm
Fußumfang eines
6 jähr. Mädchens
(reale Größe)
18,5 cm
6,5 cm
Handlänge eines
6 jähr. Mädchens
(halbe reale Größe)
9,25 cm
Fußlänge eines
6 jähr. Mädchens
(halbe reale Größe)

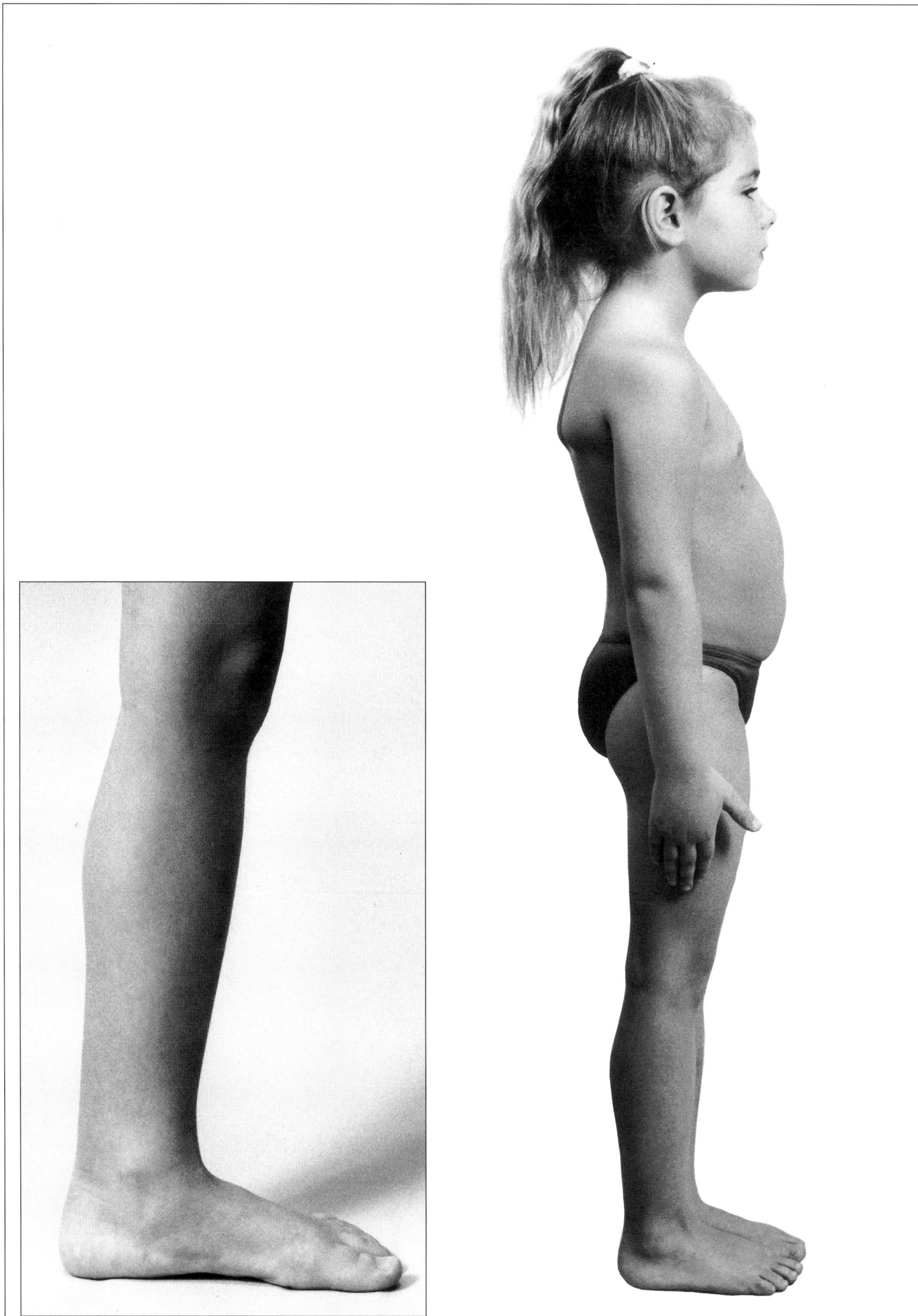

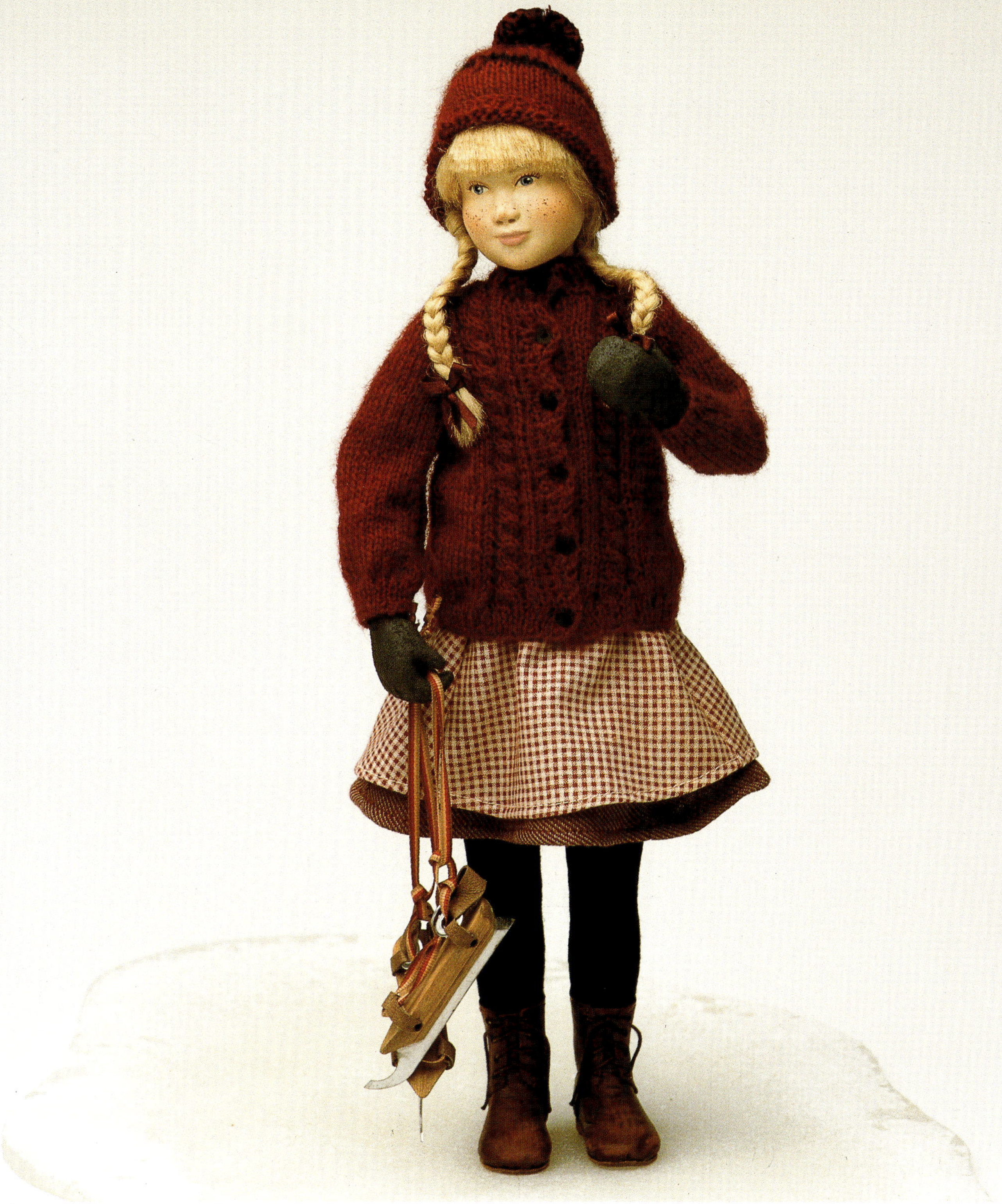

Nathalie, seitlich fotografiert
und die ihren Maßen nachgebildete Puppe
„Marijke“ (oben), Körperlänge 32 cm
selbsthärtende Modelliermasse

Zeichnungen und Bildvorlagen
für eine Puppe,
die einem Kind im Alter von 8 Jahren entspricht:

Puppe „Iris“

Das dafür fotografierte Kind heißt Mireille,
8 Jahre alt

Im allgemeinen haben wir bei 8jährigen folgende Maße zu beachten: die totale Körpergröße ist 6 × die Kopflänge.
Mireille ist 6 cm kleiner als 6 × die Kopflänge.

Um vorzubeugen, daß die Zeichnung mit den verschiedenen Maßen unübersichtlich wird, sind hier unten noch einige Maße angegeben:

- Umfang der Brust, direkt unter der Achsel = 63 cm
- Umfang der Taille = 57 cm
- Umfang der Hüften = 66 cm
- Umfang höchstes Teil der Oberschenkel (Schritt) = 38 cm
- Umfang Mitte des Oberschenkels = 32,5 cm
- Umfang Knie = 26,5 cm
- Umfang Mitte des Unterschenkels = 24 cm
- Umfang der Fessel = 18 cm
- Umfang höchster Teil des Oberarmes bei der Achsel = 19,5 cm
- Umfang Mitte des Oberarmes = 18,5 cm
- Umfang des Ellbogens = 18 cm
- Umfang Mitte des Unterarmes = 16,5 cm
- Umfang des Handgelenkes = 14 cm
- Abstand zwischen beiden Schultern (Schulterbreite) = 30 cm

Das Gesicht

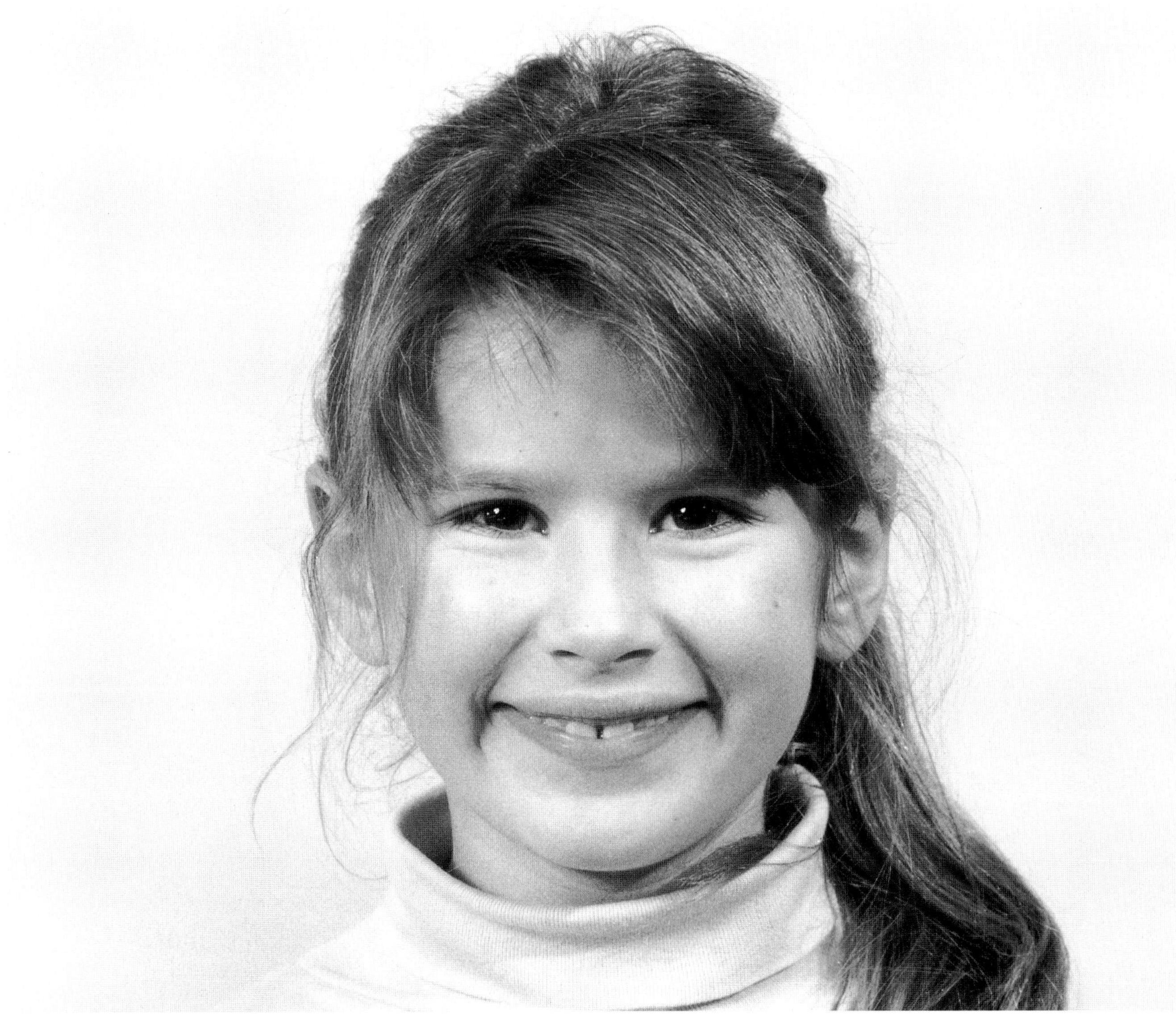

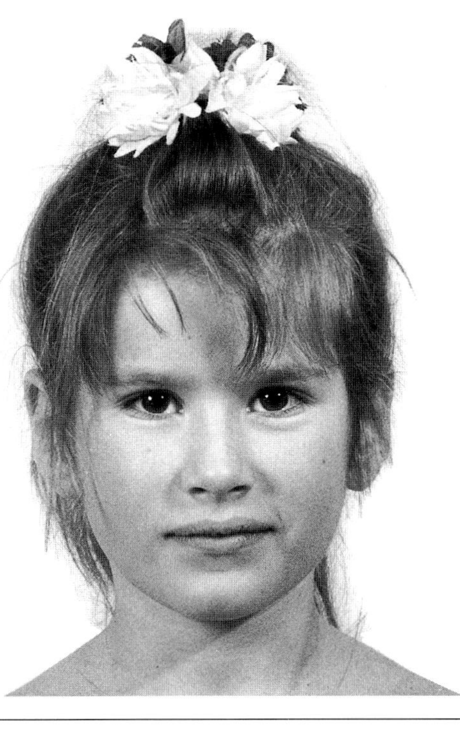

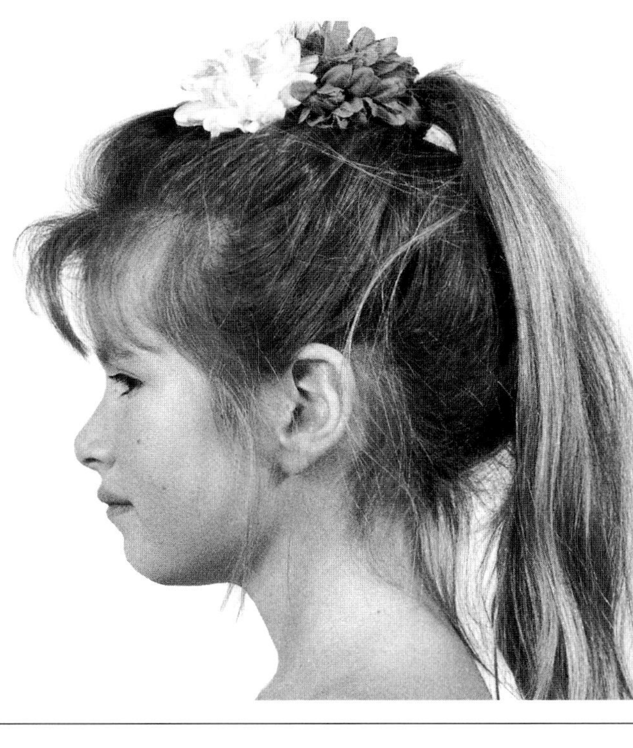

Gesicht eines 8jährigen Mädchens

Breite Stirn-Hinterkopf 19,5 cm
Umfang über Vor- und Hinterkopf = 55 cm
Umfang über Kinn und Scheitel = 58 cm

Der totale Abstand Scheitel-Kinn weicht um 1 mm vom realen Maß des Kindes (225 mm) ab; daher die abgerundeten Zahlen (abgerundet auf ganze mm)

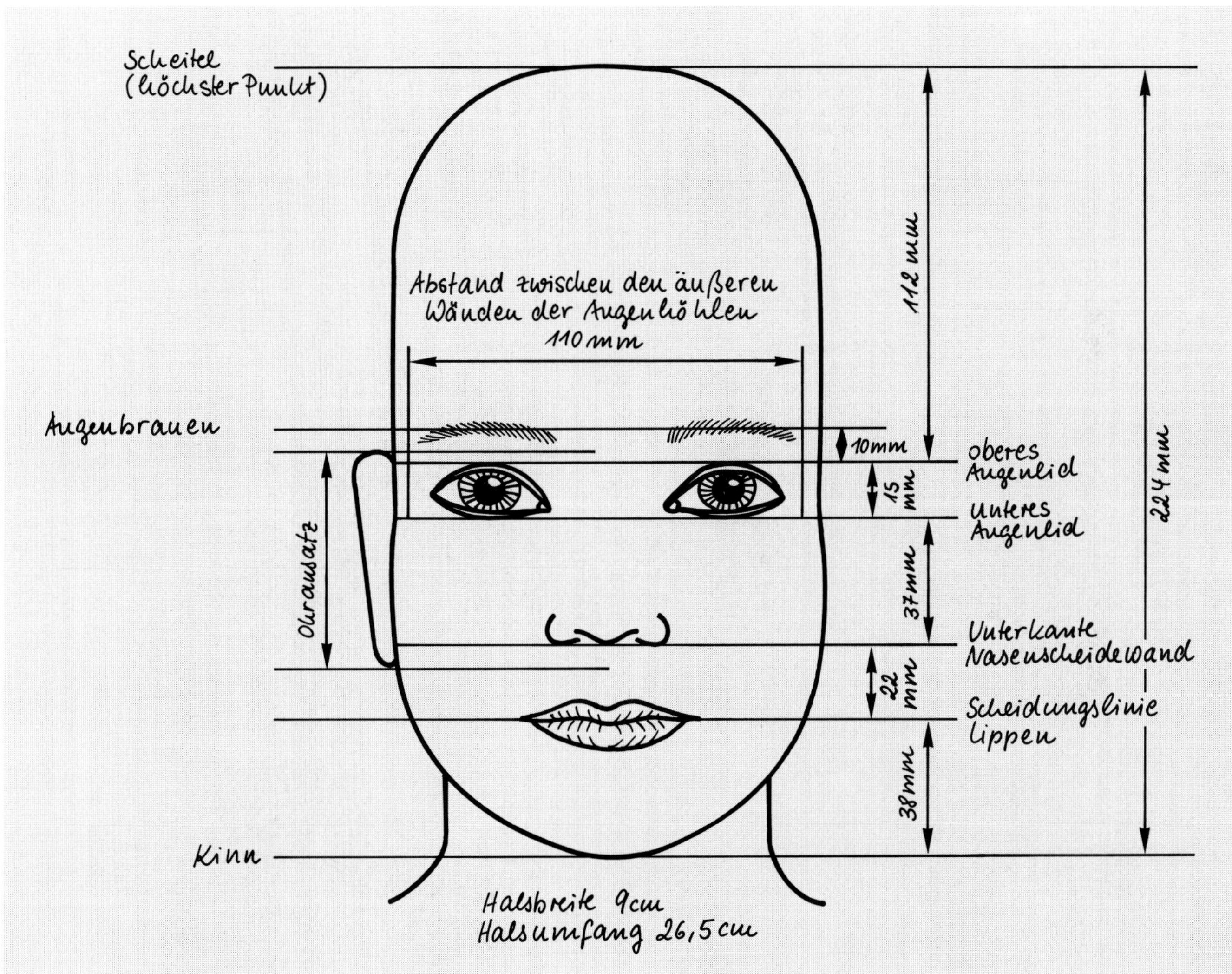

Breitester Teil der Wangen 120 mm
Breite der Augen incl. der Augenlider und Tränensäckchen 33 mm
Raum zwischen den Augen, gemessen ab den Tränensäckchen 32 mm
Breite der Nase incl. der Nasenflügel 34 mm
Breite des Mundes incl. der Mundecken 49 mm
Abstand der Unterseite der Nasenscheidenwand und höchstem Punkt der Oberlippe 16 mm

Der Körper von vorn und hinten

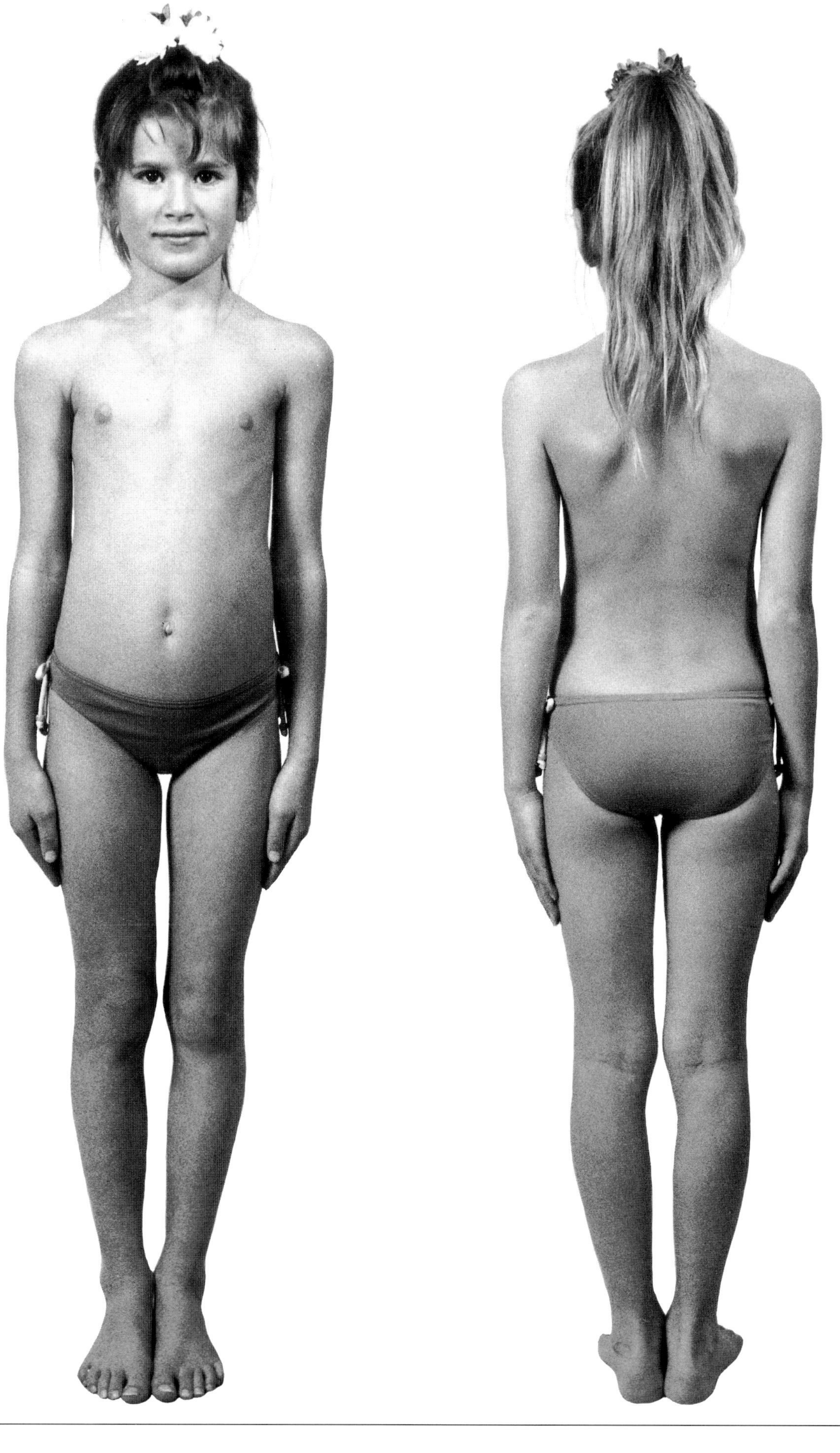

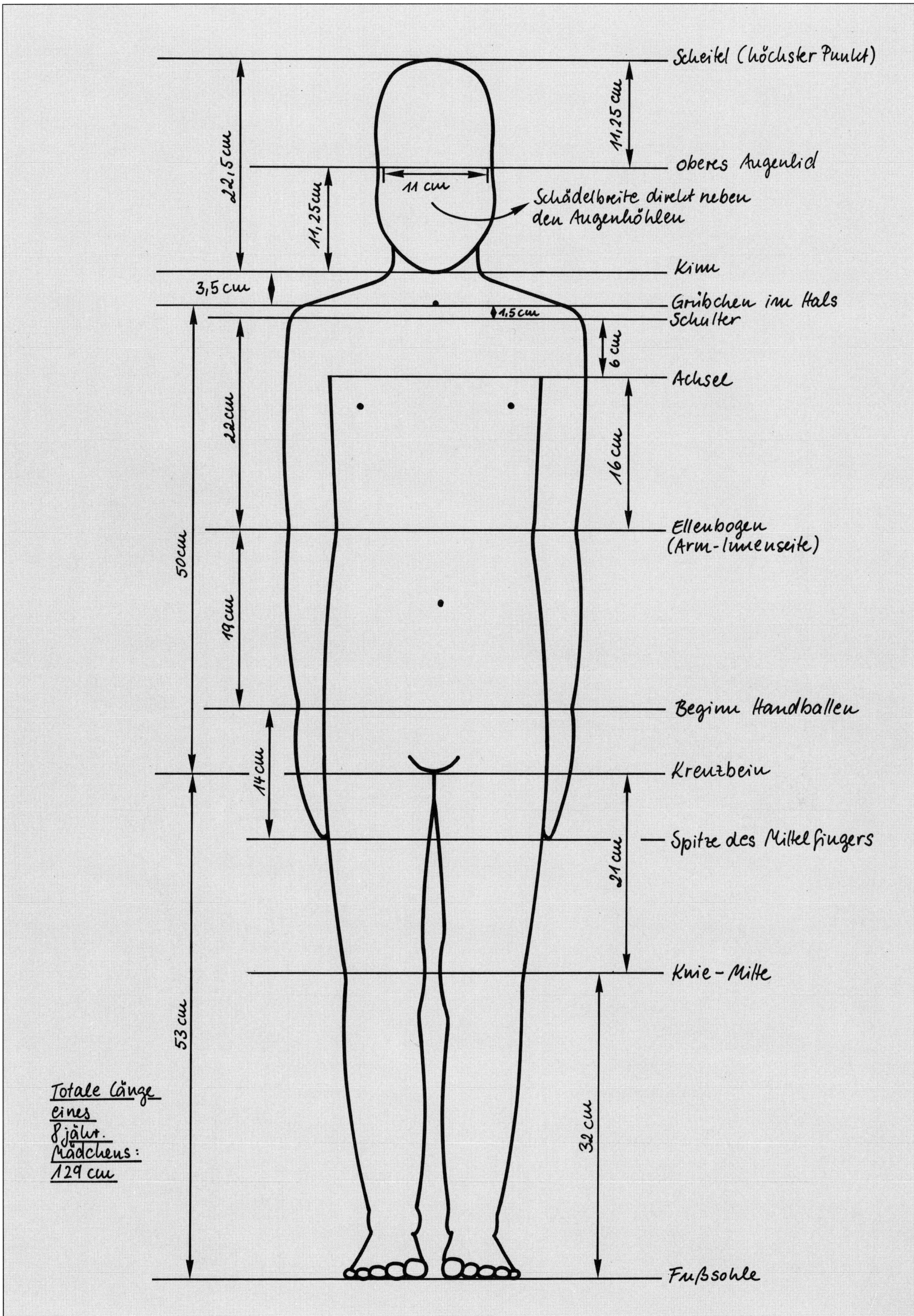

Scheitel (höchster Punkt)
11,25 cm
22,5 cm
oberes Augenlid
11,25 cm
11 cm
Schädelbreite direkt neben den Augenhöhlen
Kinn
3,5 cm
Grübchen im Hals
1,5 cm
Schulter
6 cm
Achsel
22 cm
16 cm
Ellenbogen (Arm-Innenseite)
50 cm
19 cm
Beginn Handballen
14 cm
Kreuzbein
Spitze des Mittelfingers
21 cm
Knie-Mitte
53 cm
Totale Länge eines 8jähr. Mädchens: 129 cm
32 cm
Fußsohle

Hände und Füße

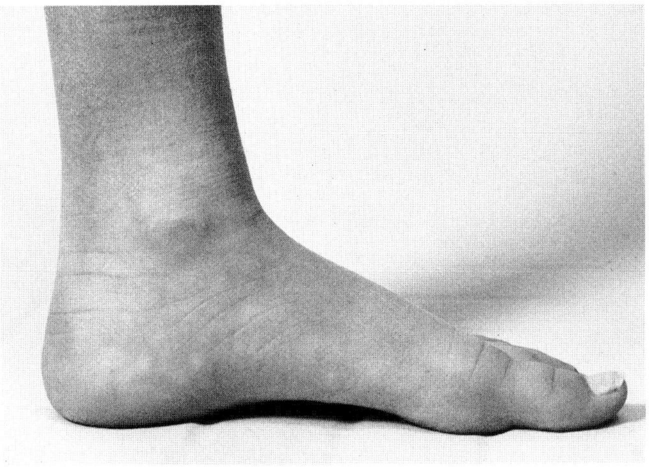

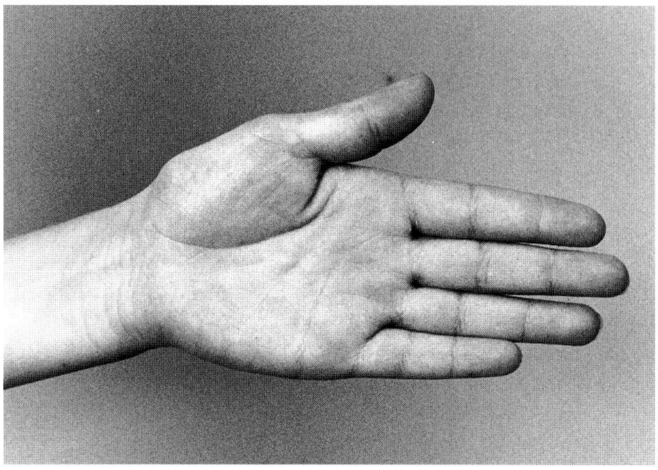

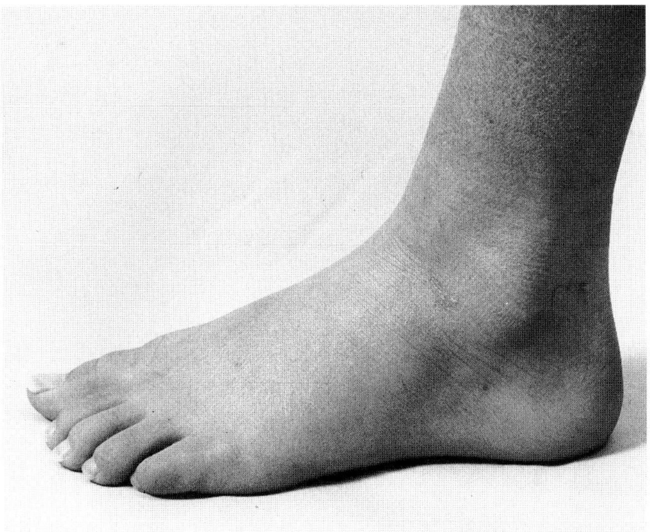

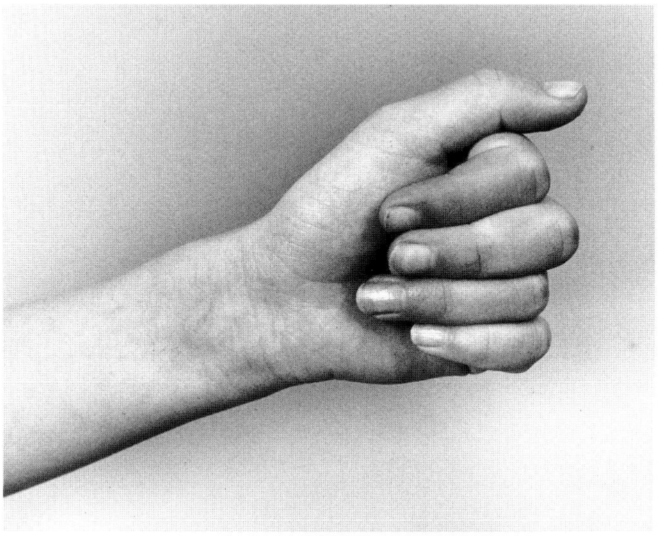

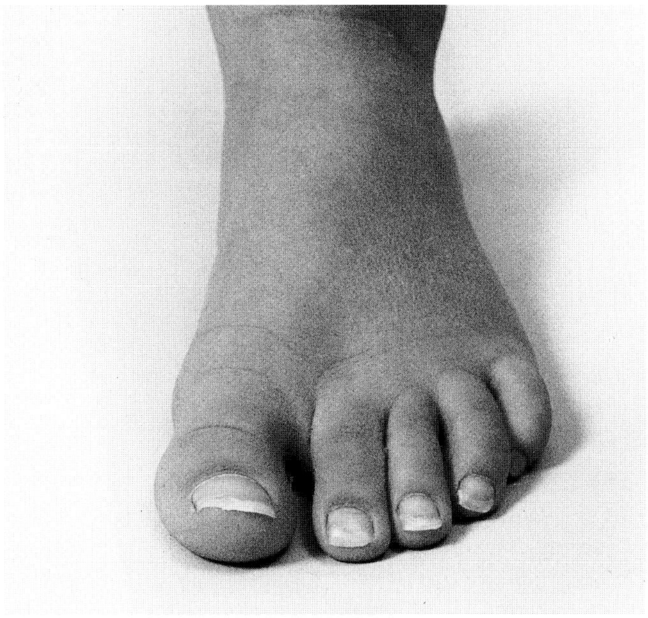

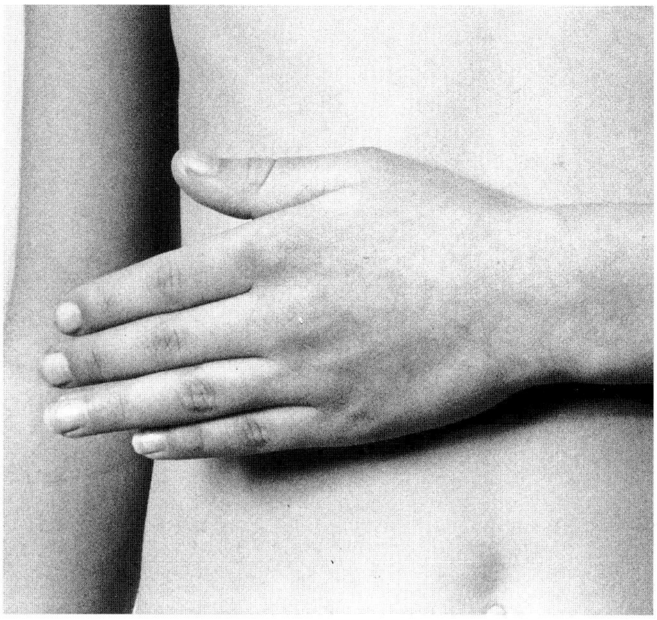

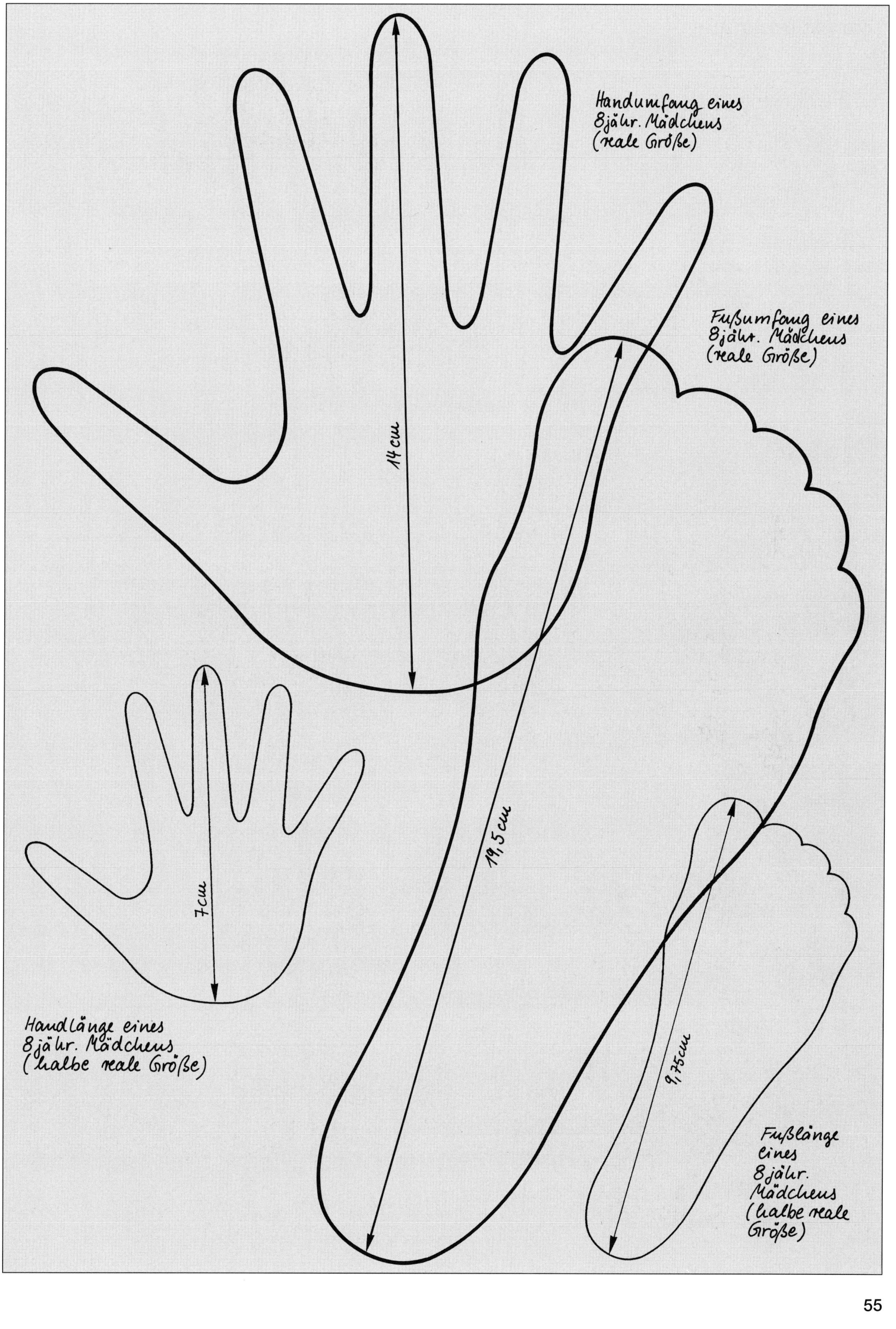
Handumfang eines
8jähr. Mädchens
(reale Größe)
Fußumfang eines
8jähr. Mädchens
(reale Größe)
14 cm
19,5 cm
7 cm
9,75 cm
Handlänge eines
8jähr. Mädchens
(halbe reale Größe)
Fußlänge
eines
8jähr.
Mädchens
(halbe reale
Größe)

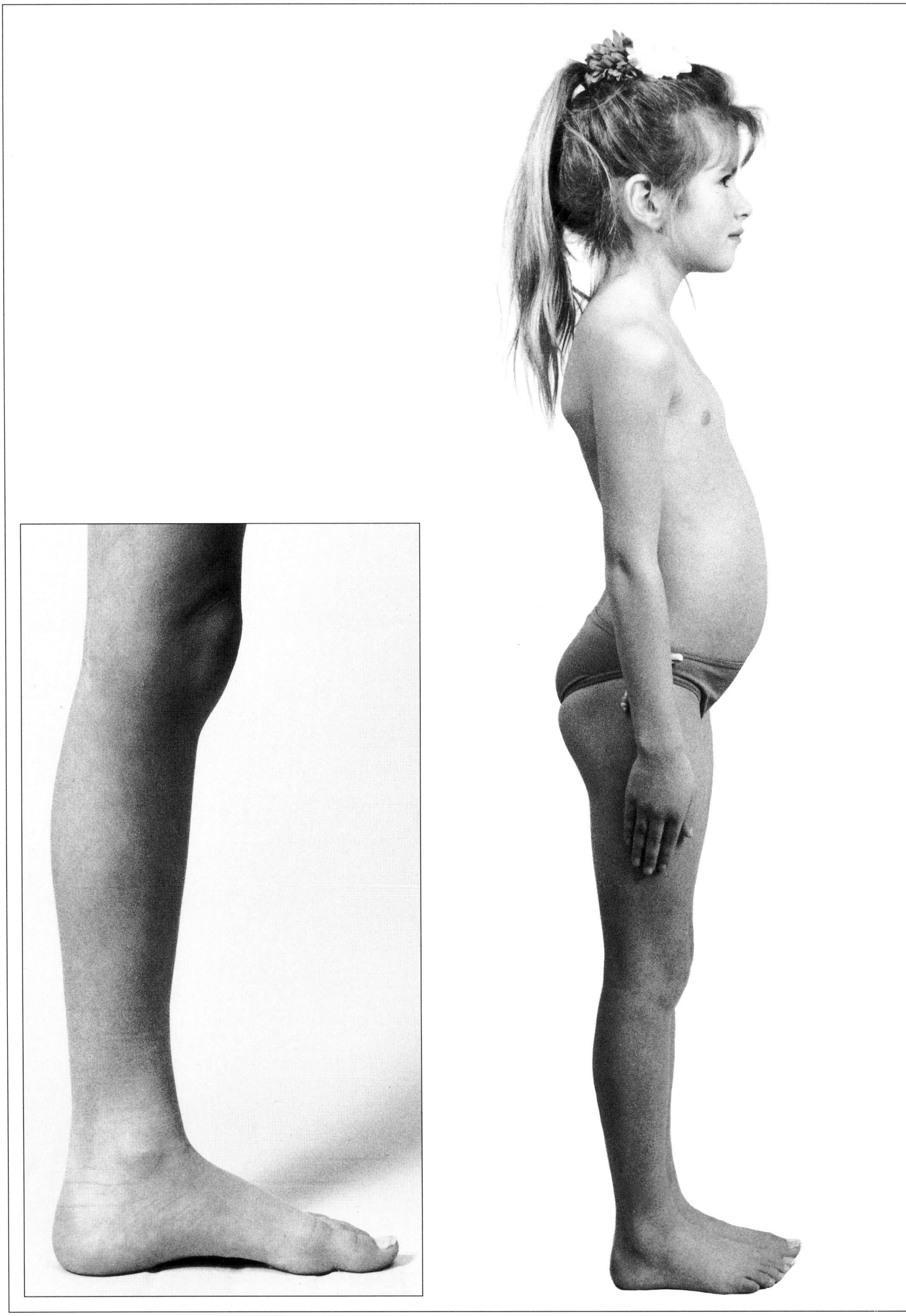

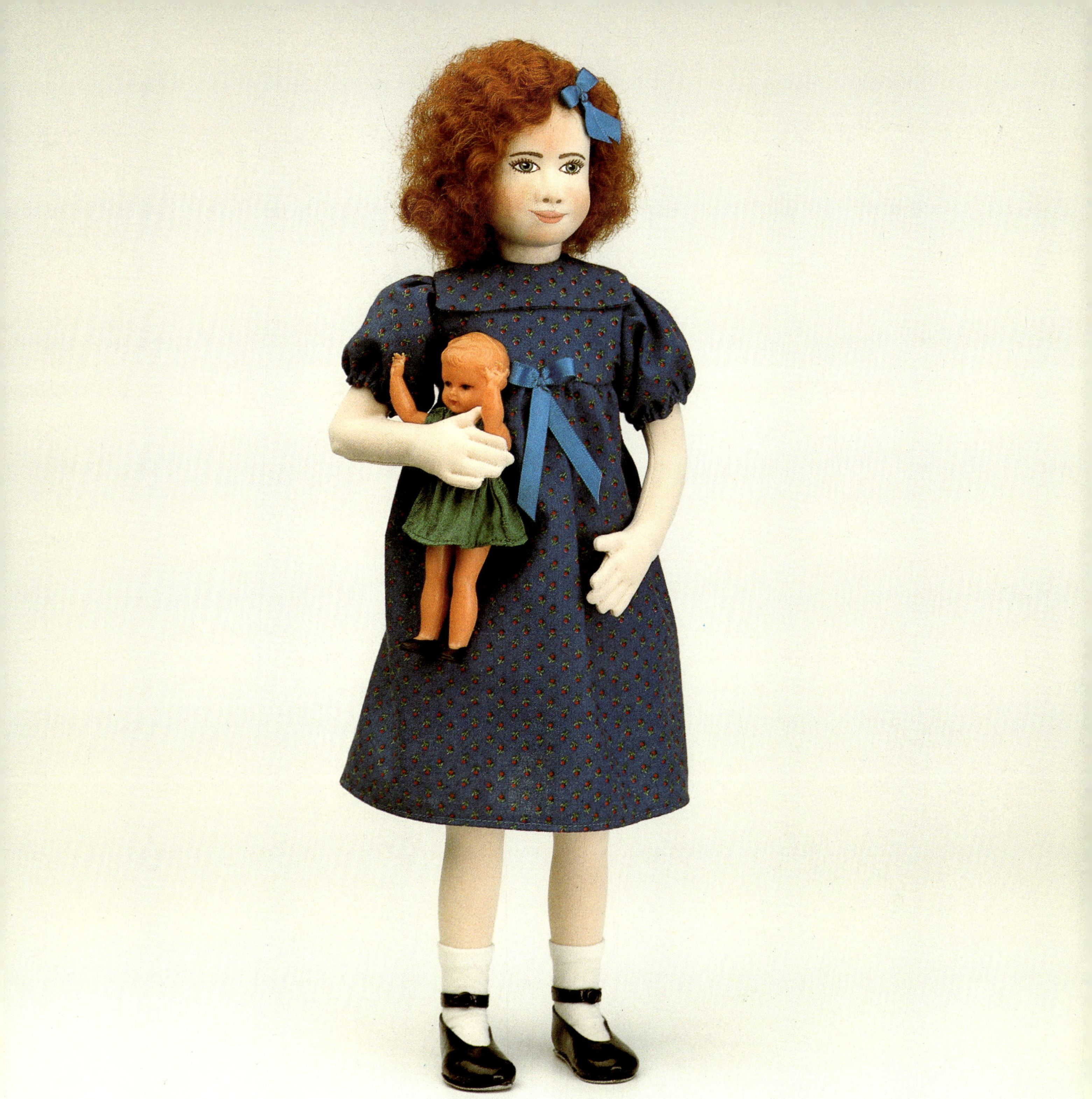

Mireille, seitlich fotografiert
und die ihren Maßen nachgebildete Puppe
„Iris“ (oben) Körperlänge 36 cm
Stoff

Zeichnungen und Bildvorlagen für eine Puppe, die einem Kind im Alter von 10 Jahren nachgebildet ist

Puppe „Blanche“

Das dafür fotografierte Kind heißt Tamara,
10 Jahre alt

Wenn wir einen 18jährigen als Erwachsenen betrachten, wobei die totale Körpergröße 7 × die Kopflänge beträgt (bei Männern ist die totale Länge 8 × die Kopflänge), ist bei einem 10jährigen Kind die totale Länge ca. 6,25 × die Kopflänge.
Von einem 8jährigen Kind ist die totale Länge, wie wir schon früher erklärten, 6 × die Kopflänge; 10 Jahre ergeben zwischen 8 und 18 Jahre, daß die totale Körpergröße dieser Altersgruppe ca. 6,25 × die Kopflänge beträgt.
Tamara ist 0,25 cm größer als 6,25 × die Kopflänge.

Um vorzubeugen, daß die Zeichnung mit den verschiedenen Maßen unübersichtlich wird, sind hier unten noch einige Maße angegeben:

- Umfang der Brust, direkt unter der Achsel = 71 cm
- Umfang der Taille = 60 cm
- Umfang der Hüften = 73 cm
- Umfang höchstes Teil der Oberschenkel (Schritt) = 47,5 cm
- Umfang Mitte des Oberschenkels = 40 cm
- Umfang Knie = 31 cm
- Umfang Mitte des Unterschenkels = 29,5 cm
- Umfang der Fessel = 20 cm
- Umfang höchster Teil des Oberarmes bei der Achsel = 25 cm
- Umfang Mitte des Oberarmes = 23 cm
- Umfang des Ellbogens = 22 cm
- Umfang Mitte des Unterarmes = 18 cm
- Umfang des Handgelenkes = 15 cm
- Abstand zwischen beiden Schultern (Schulterbreite) = 33 cm

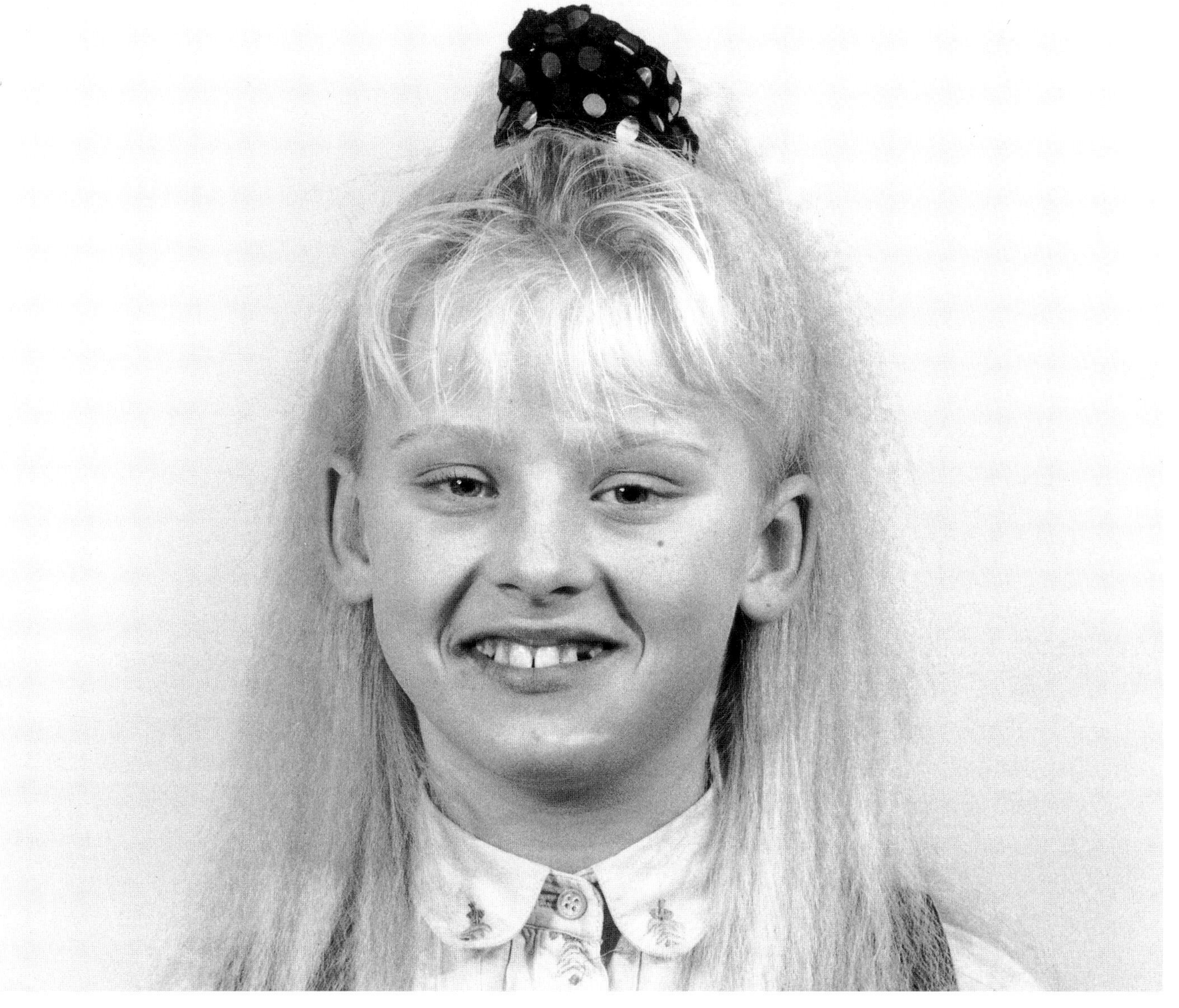

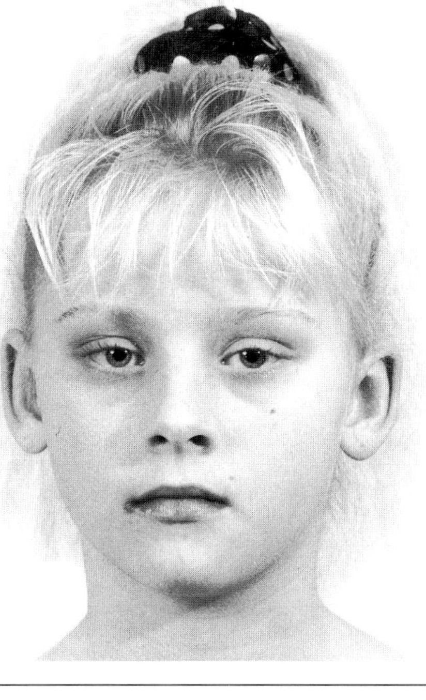

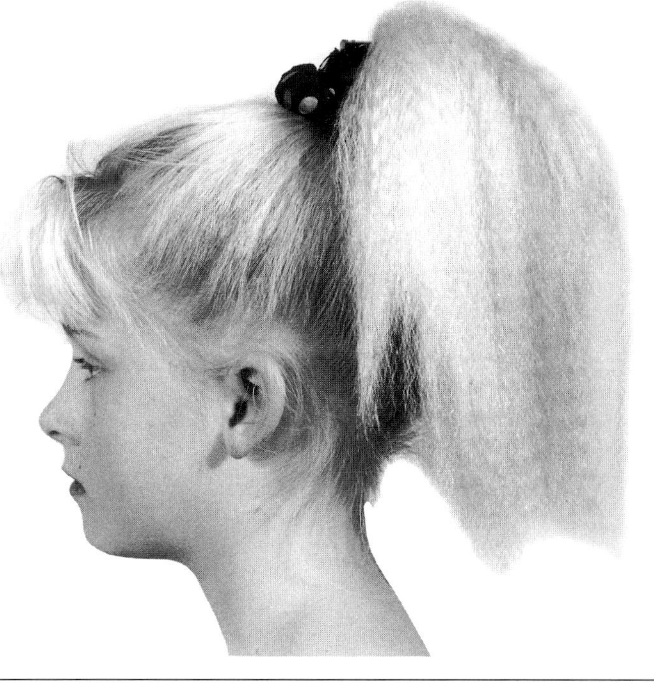

Gesicht eines 10jährigen Mädchens

Breite Stirn-Hinterkopf 19,5 cm

Umfang über Vor- und Hinterkopf = 56 cm

Umfang über Kinn und Scheitel = 59 cm

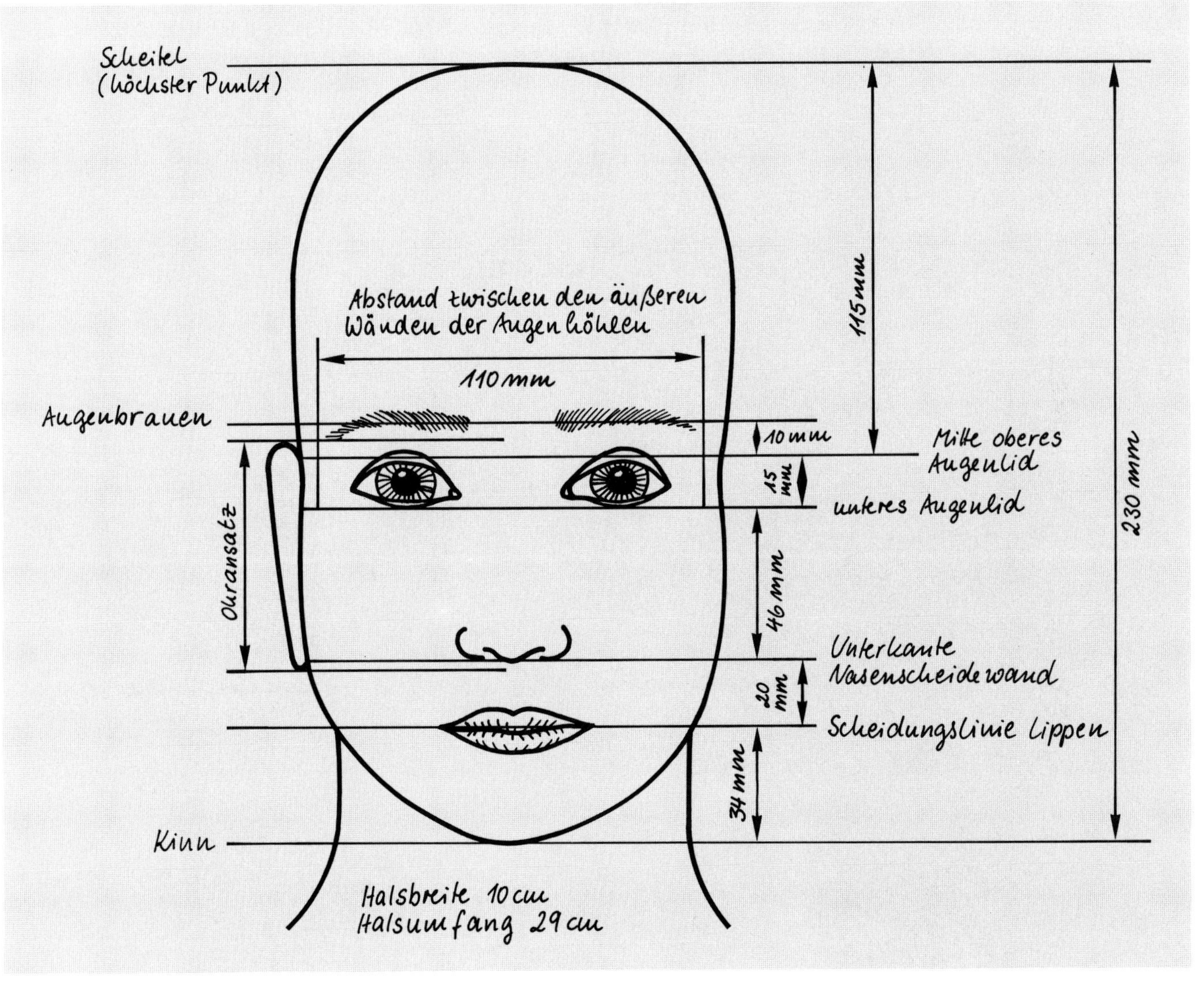

Breitester Teil der Wangen 120 mm,

Breite der Augen incl. Augenlider und Tränensäckchen 31 mm,

Raum zwischen den Augen, gemessen ab den Tränensäckchen 29 mm,

Breite der Nase incl. der Nasenflügel 33 mm,

Breite des Mundes incl. der Mundecken 49 mm,

Abstand der Unterseite der Nasenscheidenwand und höchstem Punkt der Oberlippe 14 mm.

Der Körper von vorn und hinten

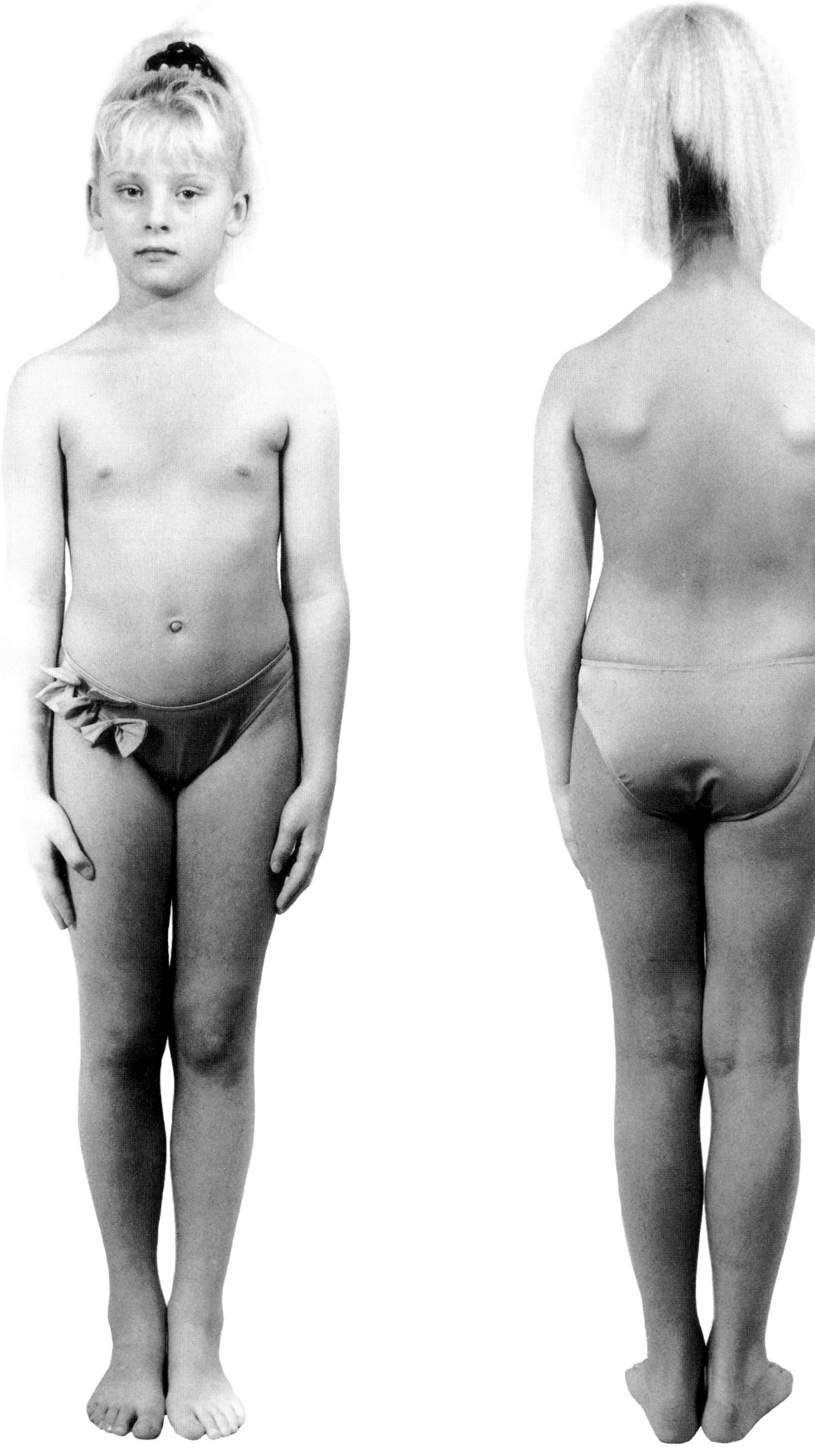

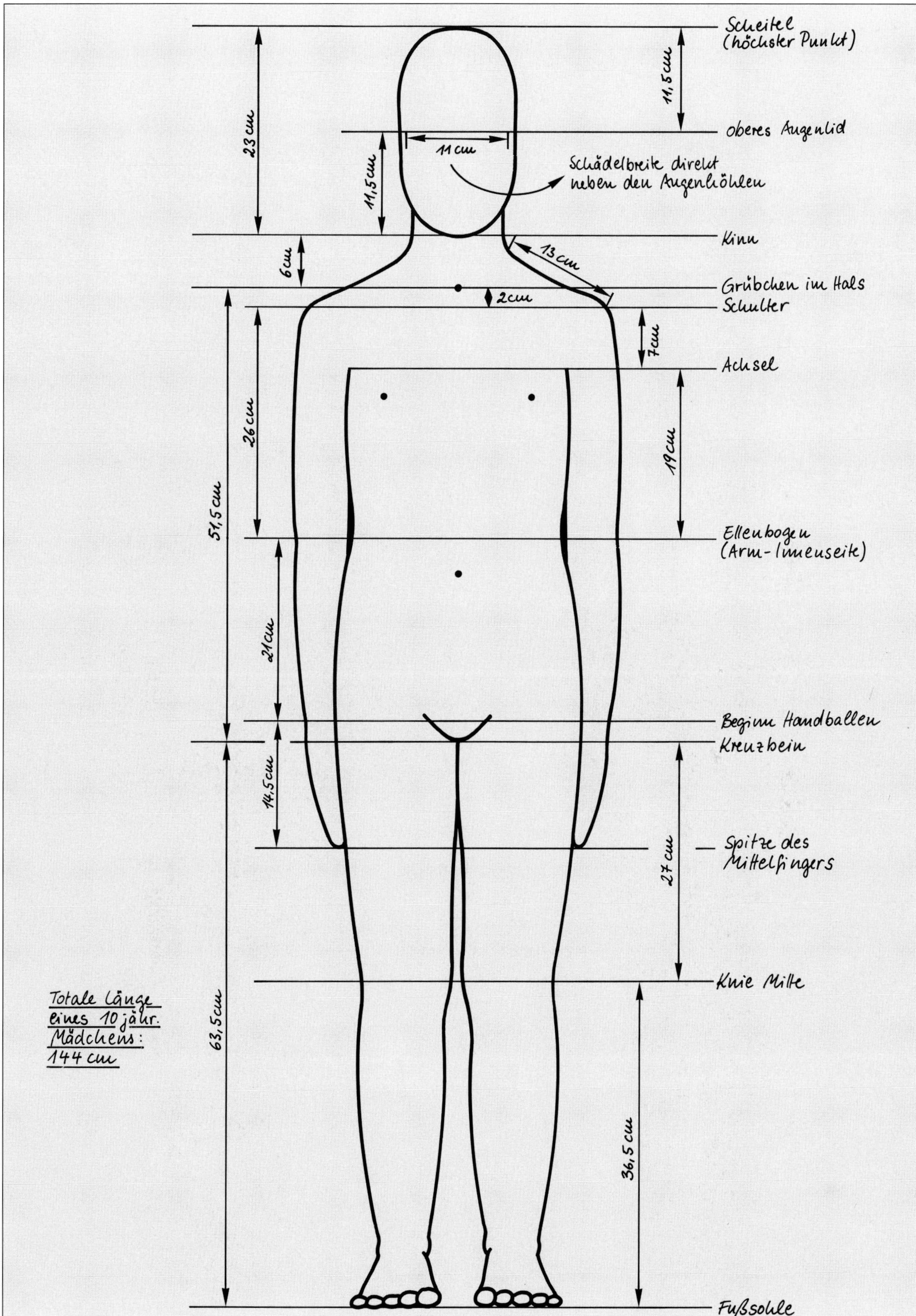
Scheitel (höchster Punkt)
11,5 cm
23 cm
oberes Augenlid
11 cm
11,5 cm
Schädelbreite direkt neben den Augenhöhlen
Kinn
6 cm
13 cm
Grübchen im Hals
2 cm
Schulter
7 cm
Achsel
26 cm
51,5 cm
19 cm
Ellenbogen (Arm-Innenseite)
21 cm
Beginn Handballen
Kreuzbein
14,5 cm
Spitze des Mittelfingers
27 cm
Knie Mitte
Totale Länge eines 10 jähr. Mädchens: 144 cm
63,5 cm
36,5 cm
Fußsohle

Hände und Füße

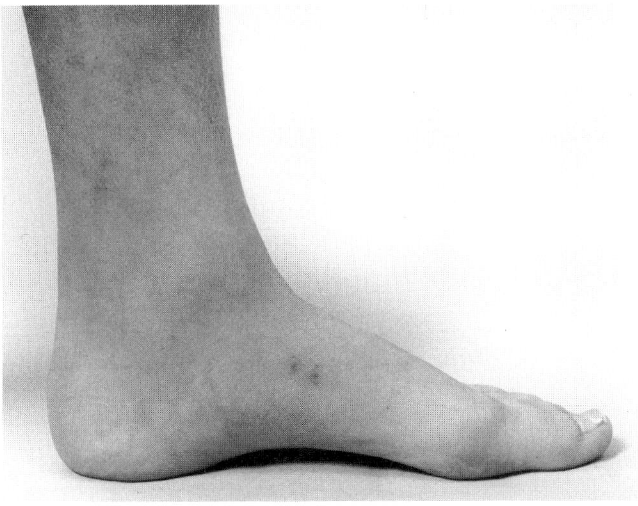

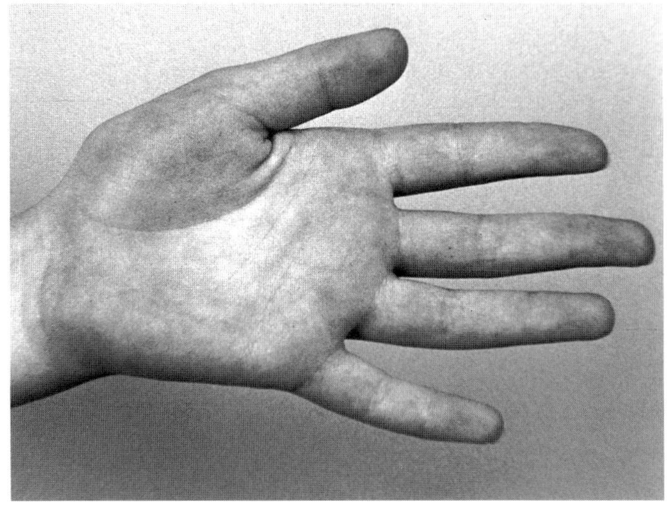

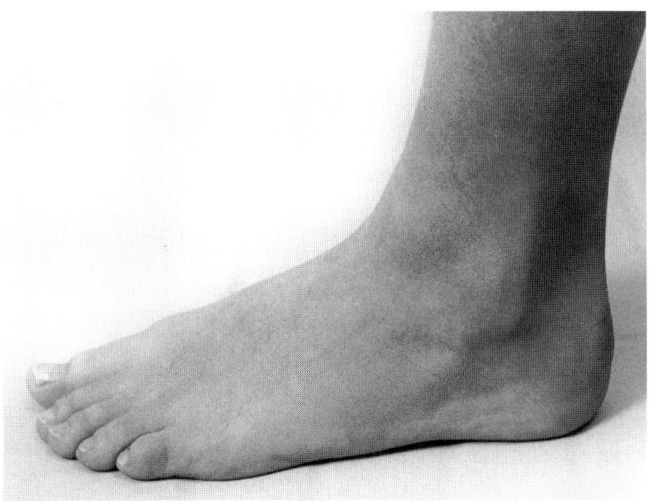

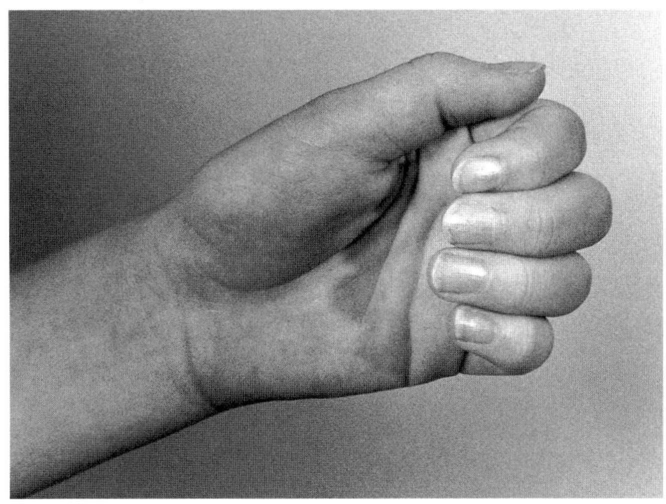

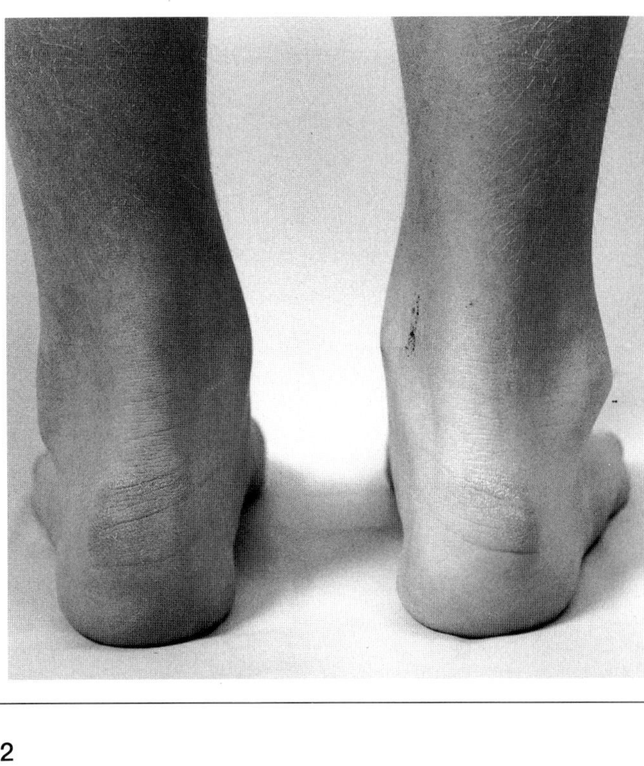

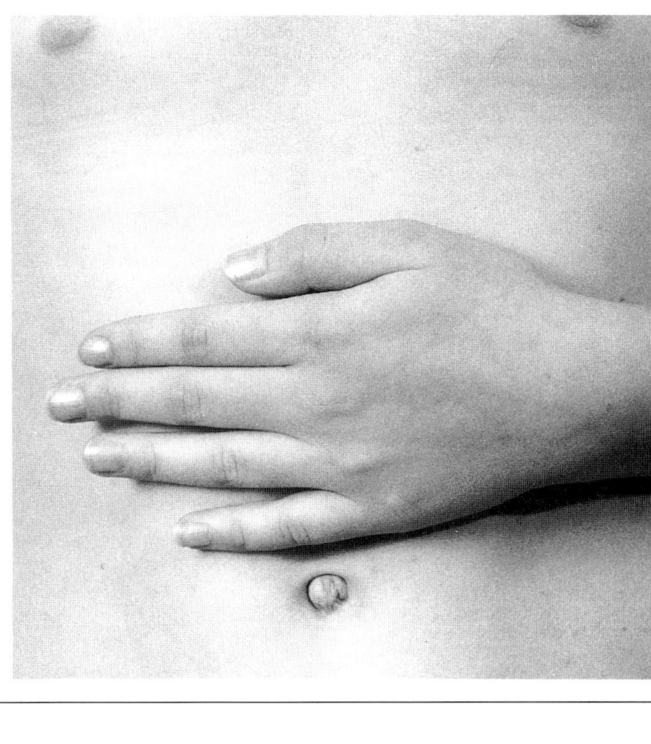

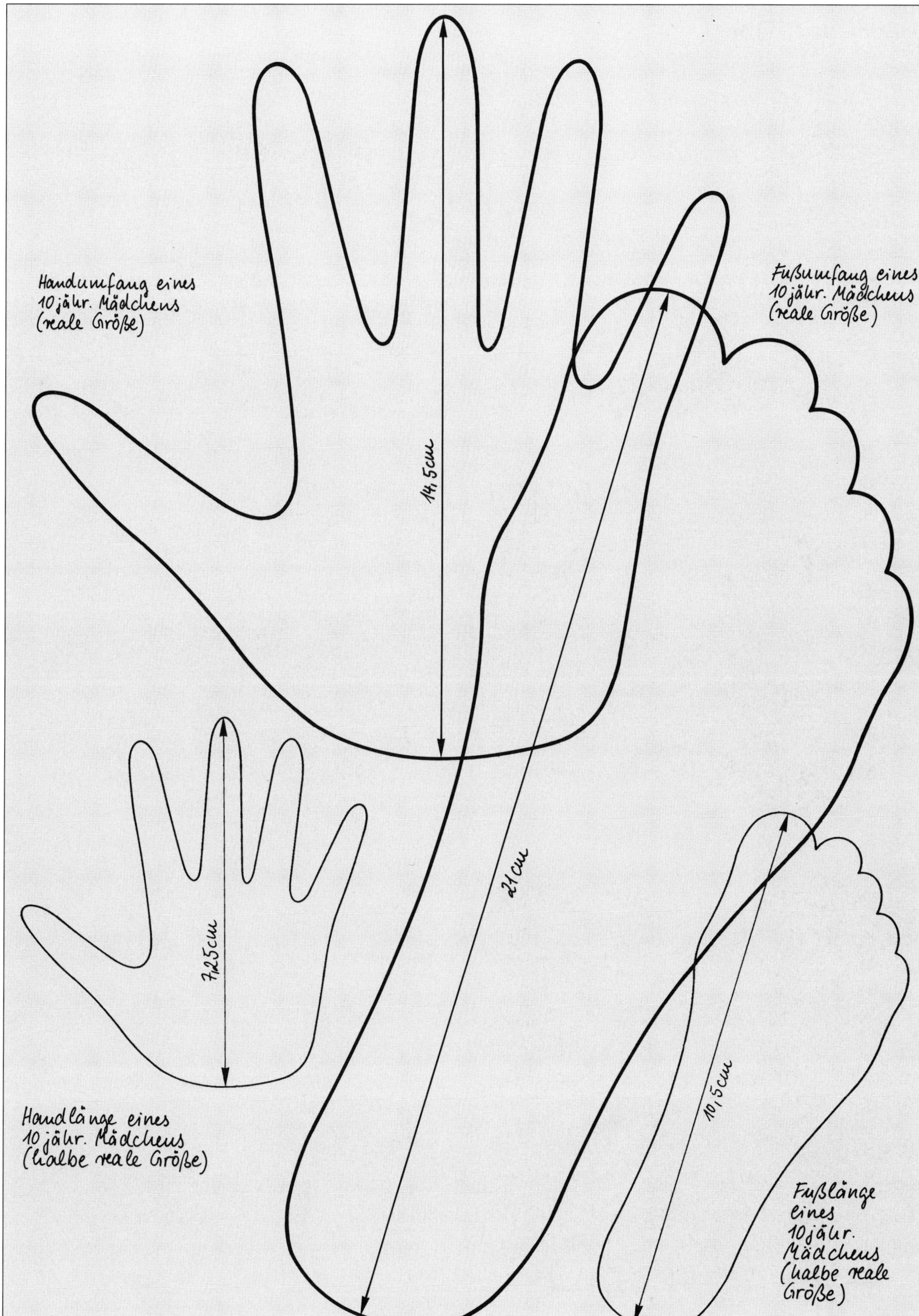
Handumfang eines
10jähr. Mädchens
(reale Größe)
14,5cm
Fußumfang eines
10jähr. Mädchens
(reale Größe)
7,25cm
21cm
Handlänge eines
10jähr. Mädchens
(halbe reale Größe)
10,5cm
Fußlänge
eines
10jähr.
Mädchens
(halbe reale
Größe)

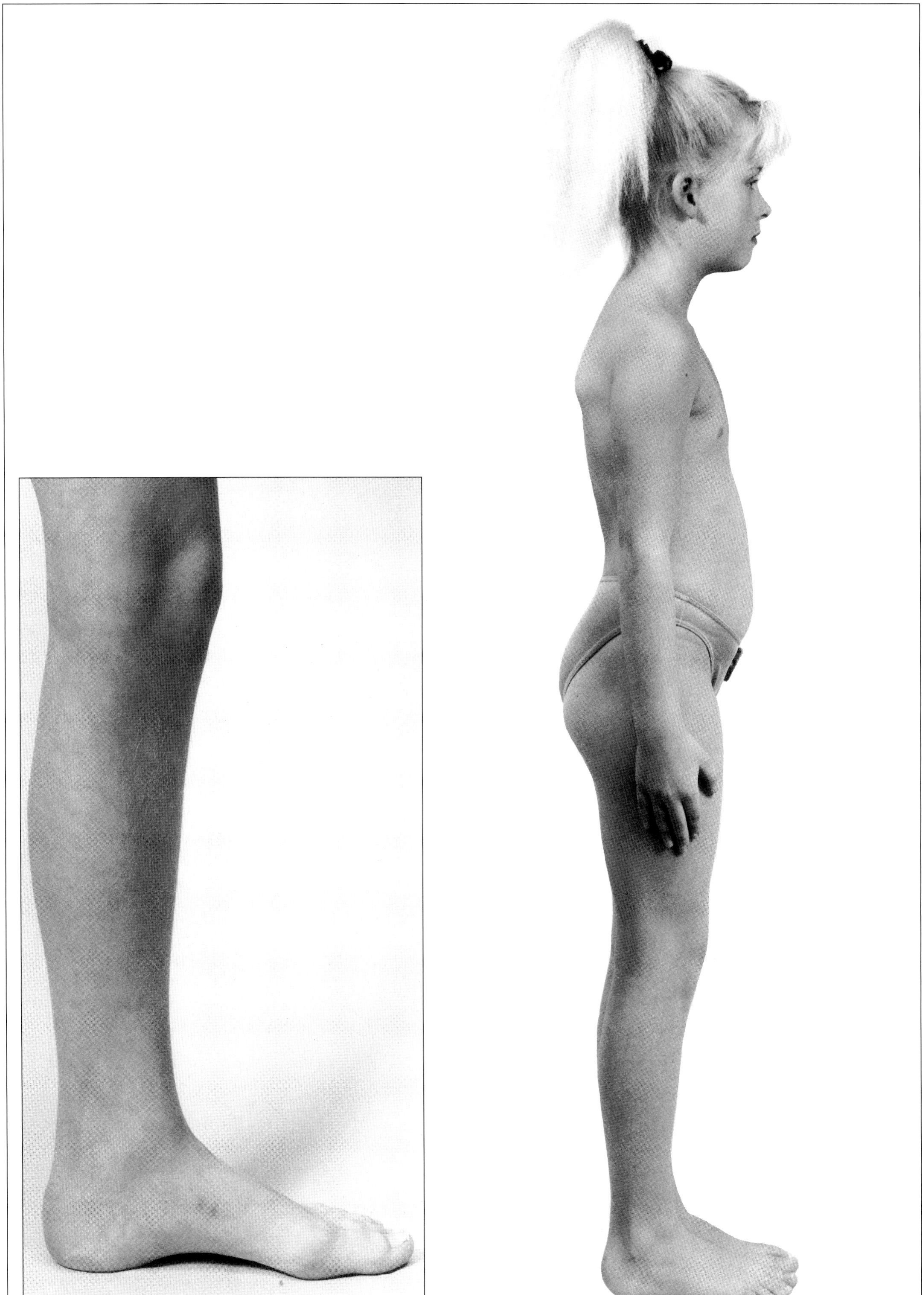

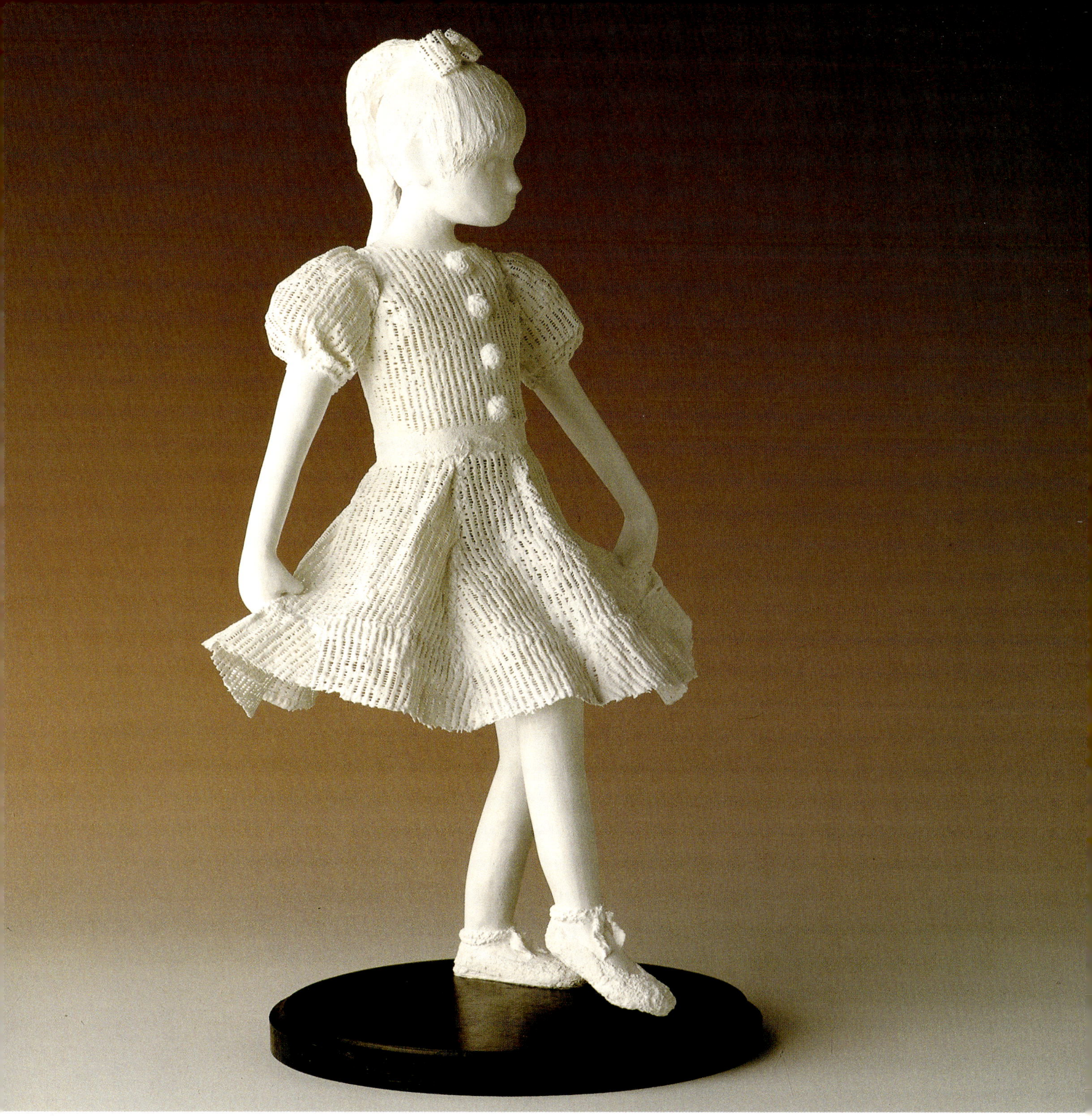

Tamara, seitlich fotografiert
und die ihren Maßen nachgebildete Puppe
„Blanche“ (oben), Körperlänge 37 cm
Gips und Gipsbinden